重庆
中国三峡博物馆藏
文物选粹
绘画

重庆中国三峡博物馆
江洁 谢歆
编著

文物出版社

总体设计：宁成春
摄　　影：宋　朝　刘小放
责任印制：陆　联
责任编辑：李　莉

图书在版编目（CIP）数据

重庆中国三峡博物馆藏文物选粹．绘画／重庆中国三峡博物馆编著．—北京：文物出版社，2011.9
ISBN 978-7-5010-3283-9
Ⅰ.①重… Ⅱ.①重… Ⅲ.①博物馆—历史文物—重庆市②中国画—作品集—中国　Ⅳ.①K872.719.2
中国版本图书馆CIP数据核字（2011）第194226号

书　　名	**重庆中国三峡博物馆藏文物选粹——绘画**
编　　著	重庆中国三峡博物馆
	江　洁　谢　歆
出版发行	文物出版社
地　　址	北京市东直门内北小街2号楼
邮　　编	100007
网　　址	http://www.wenwu.com
电子邮箱	E-mail:web@wenwu.com
制　　版	北京文博利奥印刷有限公司
印　　刷	北京盛天行健印刷有限公司
经　　销	新华书店
开　　本	889×1194毫米　1/16
印　　张	16.5
出版日期	2011年9月第1版第1次印刷
书　　号	ISBN 978-7-5010-3283-9
定　　价	380.00元

《重庆中国三峡博物馆藏文物选粹》丛书

编辑委员会名单

主　　　任：黎小龙

副　主　任：柳春鸣　万智建　唐昌伦　黄小戎

委　　　员：张荣祥　胡昌健　王　玉　魏光飚

　　　　　　唐冶泽　向渠奎　郑　丹　王　春

主　　　编：黎小龙

副　主　编：柳春鸣　万智建　唐昌伦

《重庆中国三峡博物馆藏文物选粹》

绘　画

编　著

江　洁　谢　歆

前期摄影

陈　刚　申　林

协助工作

梁　丽

特别鸣谢

胡昌健

序

重庆中国三峡博物馆馆长 黎小龙

有人说，没有文物藏品，就不是真正意义的博物馆。

但是，作为文化资源的文物藏品，无论它数量多么丰富，特色多么鲜明，价值多么凸显，都必须进行深入、系统的科学研究，依靠在保护和研究基础上的展览与社会教育推广，方能通过愉悦观众、启迪民众的方式和途径体现其现实意义和价值，从而转化为现实的优势和特色。做为博物馆人，面对文物藏品，我们恪尽"典守"、"典藏"之责；面对观众和社会，展品的丰富、多样，展览的吸引力、感染力，是我们永恒追求的目标。藏品与展品的关系，既蕴涵保护文物、传承文化的使命，也承载了丰富文化民生、推动文明进步的社会责任。在博物馆免费开放，观众逾倍增长的今天，博物馆文物藏品的科学保护和合理利用呈现出前所未有的特殊意义。我们正是在这样的认识基础上，于近年积极开展摸清文物藏品"家底"和文物数据库建设，也有计划地开展文物藏品整理与研究的基础工作。我们在重庆中国三峡博物馆（重庆博物馆）60年馆庆之际，出版《重庆中国三峡博物馆藏文物选粹》丛书，并计划在今年陆续推出《重庆中国三峡博物馆藏文献丛书》《重庆中国三峡博物馆研究书系》，以及在此基础上逐年推出系列原创性展览，即是该项基础性工作的阶段性成果。

从1951年西南博物院创建至今，重庆中国三峡博物馆走过了60年的历程。但作为博物馆根基的文物藏品的积淀，则应追溯到20世纪30年代、40年代创建的中国西部科学院博物馆和中国西部博物馆。从1930年创办的峡区博物馆（后并入中国西部科学院）到建国初期的西南博物院，这二十余年间文物藏品的收集奠定了今天重庆中国三峡博物馆文物藏品的基础。立足重庆，覆盖中国西南的特定区域文化特色，传世文物与出土文物并重的文物藏品格局，在重庆地区文博事业发端的前二十余年即已形成，并在重庆市博物馆、重庆中国三峡博物馆的五十多年里得到继承和发扬。重庆最早的现代博物馆是卢作孚创办的北碚峡区博物馆，该馆藏品主要是动植物标本和西南少数民族文物及东岳庙文物。此后的中国西部科学院博物馆和中国西部博物馆的文物藏品，均以中国西南各省区为文物藏品收集区域。建国初期创建的西南博物院，不仅汇集了重庆前二十余年各博物馆入藏的文物藏品，更以西南军政委员会文教部的名义规划为中国西南中心博物院，规划下辖五馆：历史、自然、革命、民族、艺术，这即是"一院五馆"之由来。这时期的文物藏品征集遍及西南数省区，并在20世纪50年代初期推出首个"西南区文物展"。从峡区博物馆、西南博物院迄今，经过八十余年的传承和积淀，目前重庆中国三峡博物馆的文物藏品近18万件（套），其中珍贵文物20000余件（国家一级文物681件，二级文物1382件），其他文物资料20余万件，晚清、民国及外国邮票100万余枚。

任何一座区域性综合类博物馆文物藏品的特色和优势，都与该馆所在区域、城市的历史文化息息相关。中华民族文化多元与一体的个性与共性的特征，在承载着数千年民族文化和区域历史文化的博物馆各类文物藏品身上，表现的尤为直观、鲜明。同样，重庆中国三峡博物馆典藏的文物也深深打下了重庆这座城市的痕迹和烙印，从而赋予它鲜明的区域文化的个性和特色。八十余年来数代人艰辛积淀的文物藏品，可谓出土文物彰显其特色，传世文物奠定其优势。馆藏出土文物始于西南博物院时期，配合建国初期成渝铁路修建沿途出土文物的发掘，巴县冬笋坝、昭化宝轮院巴蜀船棺葬和成都羊子山汉墓的发掘为其代表；集大成于近二十年来长江三峡库区淹没区地下文物的抢救性发掘。该类文物反映的是从石器时代、青铜时代至铁器时代巴渝大地所赋予它的特定的、鲜明的地域特色。长江三峡地区在中国乃至东亚人类起源中的特殊意义；长江文明形成过程中，长江三峡地区在中国东西和南北文化交流中的特殊地位；早期巴族遗留的独特而瑰丽的青铜文化等等，重庆、四川及西南地区的出土文物都以直观的物证让这些文化特性、区域特色如此的鲜活、形象。

近代以来，重庆因其首开商埠而在近代化、城市化进程中领中国西南之先风；因其是国民政府战时首都、世界反法西斯同盟中国战区统帅部、中共南方局所在地，而成为中国抗战大后方的政治、经济、文化中心。文物与文化艺术品的可移动特性，在重庆开埠以来的商贸物流交往中，特别是抗战时期数百万来自中国东部、北部民众迁移西南重庆等地的背景下，不仅有以故宫文物为代表的国家文物之"南迁"，更有伴随滚滚移民浪潮的民间文物之"西迁"。"南迁"之故宫文物，抗战胜利后汇集重庆并整体东归。"西迁"之民间文物，则与携带者、拥有者抗战八年的个人遭际和家庭命运而前途各异，其中的大部分在重庆社会中流散开来，并在建国后通过各种途径和方式汇聚到博物馆。重庆中国三峡博物馆藏传世文物中的许多精品，考其渊源来历，多与重庆这段特殊的历史有直接的关联。此次出版的《重庆中国三峡博物馆馆藏文物选粹》丛书，除瓷器外，其他三类文物藏品（绘画、古琴、造像唐卡）中的诸多精品都与战时的首都有着直接或间接的渊源关系。以《古琴》一书中收录的"松石间意"琴为例，该琴俗称"东坡琴"，琴底最早题款是北宋绍圣二年的苏东坡，北宋以降，则是12名吴中历代名家题款，可谓来源明晰，传承有序，为东南吴地名琴。该琴于20世纪50年代西南博物院时期入藏我馆。由宋以来，惟有抗战时期辗转流传的细节不清。显然，该琴与我馆大量传世文物同样经历了抗战初期民间文物"西迁"的艰难历程，并在此后的十余年间经历了难以厘清的流散重庆民间社会的曲折和坎坷，最终归宿博物馆。我馆收藏有数千件（套）藏族文物，此次出版的《造像唐卡》和今年10月馆庆期间将推出的"重庆中国三峡博物馆藏藏族文物精品展"，即是此类馆藏文物首次以专集、专题展方式向社会展示。追溯此类藏品的渊源，多数是20世纪30年代至50年代重庆早期博物馆藏品，或在这二十余年间流入重庆，而在建国初期西南博物院时期陆续入藏我馆。其中部分精品，无疑与世界佛学苑汉藏教理院创办于重庆蒙藏委员会于抗战时迁驻战时首都，藏区高僧与各地宗教人士云集重庆有直接的关系。至于馆藏万余件（套）书画艺术品有多大的数量与这段历史有关联，已无从详细考证和统计。但其中的精品名作则可觅其来历，《绘画》中西南博物院时期入藏的书画精品，多与这段历史有关。如宋佚名《摹贯休罗汉图》、明唐寅《临韩熙载夜宴图》等，其中清乾隆宫廷画家钱维城《九秋图》乃溥仪带出清宫的1200件书画之一，这些文物均应是抗战民间"西迁"文物。可见，重庆中国三峡博物馆传世文物之优，反映的是重庆这座城市近百余年来在中国西南乃至中国抗战时期特殊的历史地位。

　　博物馆文物藏品的积淀，依靠一代一代博物馆人持之以恒的艰辛努力，依赖社会各方面的支持和帮助。文物收集来源的途径、方式多种多样，其中最令人感佩的是个人捐献。据档案资料记录，西南博物院创建后的第四年（1954年）底，入藏的文物总量已逾10万，其中的历史文物和艺术品已近5万，余为自然标本。这些文物藏品的来源，既包括1930年卢作孚创立峡区博物馆以来诸多重庆早期博物馆二十余年间收藏的文物，也包括1951～1954年间西南博物院通过各种方式收集的文物。其中特别令人关注的是建国初期颇为流行的个人捐献，许多收藏家将自己世代传承或数十年精心收集的珍贵文物悉数捐献西南博物院。这些人中最具代表性的有王瓒绪、汪云松、申彦丞、卫聚贤、曾禹钦等20余人，既有重庆本地高官，如抗战时曾任四川省主席、重庆卫戍区司令的王瓒绪，也有外迁来渝的收藏家卫聚贤。个人捐献文物的风气从建国初期沿袭至今，每一个时期均有令人感动的捐献义举。1983年，老干部、收藏家李初梨及家属捐赠600余件文物（所捐书画曾于2005年在故宫书画馆展出）；今年初，四川美术学院老教授杜显清捐献69幅个人作品（近期将在我馆整体展出）。我们将在今年10月份推出的60年来"重庆中国三峡博物馆藏捐献文物精品展"，是要向全社会褒扬他们作为收藏家、艺术家珍爱和保护民族文物艺术品的义善之举，无私奉献社会的高尚之心。

　　这套丛书在重庆中国三峡博物馆（重庆博物馆）60年馆庆之际出版，不仅代表了当代"重博"人对历史的追忆、回顾和尊重，更以此谨向八十余年来为我馆文物藏品的丰富、积淀做出无私奉献的社会人士，以及为馆藏文物的收集、保护做出重要贡献的数代"重博"人致以崇高的敬意！

庚寅年夏于重庆

概　述

江　洁　谢　歆

中国绘画源远流长，可上溯至新石器时代。因用于绘画的毛笔同时又是书写工具的特殊性，使得中国绘画具有自己独特的魅力。从最早的平涂勾填，到点染皴擦，中国绘画史同时也是一部笔墨情趣史。然而在流传过程中由于各种天灾人祸及书画本身材质的脆弱性，如今公私庋藏的作品相比前人著录的实在是少之又少，况且历史上大量书画作品并未被著录。所以每一件存世古代书画都是经前人珍藏而传诸子孙的传承民族文化内涵的载体，弥足珍贵。

重庆中国三峡博物馆有幸收藏绘画作品5000余件，自宋至当代，序列完整，涵盖山水、花鸟、人物等。这些藏品奠基于本馆前身西南博物院（1951～1954年）。在此期间，王缵绪等重庆各界人士30余人先后向西南军政委员会文教部及西南博物院捐献大量珍贵的历史文物，其中以书画为主。当时捐献文物量较大的名人有：抗战中曾任四川省主席、重庆卫戍区司令的王缵绪（1886～1960年），捐献历代珍贵书画300余件，包括《南宋院画册》、《元仙山楼阁图》、齐白石《四季山水屏》等。文物收藏、鉴定家申彦丞（1874～1960年），捐献书画、瓷器等6700余件，其中绘画作品有董其昌《拟高克恭山水图轴》、文徵明《仿倪云林山水图卷》、《溪山隐居图卷》等（申彦丞去世后，后人将其遗留书画等400余件捐献给重庆市博物馆，包括文徵明《葵阳图卷》）。原重庆《商务日报》创办发起人、重庆商会会长曾禹钦捐献书画421件，其中绘画有王绂《枯木竹石图轴》、赵备《墨竹图轴》等。

在民间收购珍贵文物也是我馆征集文物的重要手段之一。收购的原则是"以抢救为原则"，宁缺毋滥，"凡可买可不买者，绝不购买"。其中有：以50万元旧币收购的文物收藏家白隆平珍藏的南宋佚名《摹贯休罗汉图》；以80万元旧币收购重庆市民徐志川珍藏的清代宫廷画家钱维城《九秋图》；更以5000万元旧币收购重庆市民汪策珍藏的唐寅《临韩熙载夜宴图》。1951～1954年间，在成都、重庆收购的绘画作品还有王彬《三教圣人图》、陈洪绶《晞发图》、袁江《江天楼阁图》等。这些珍贵的文物，奠定了重庆中国三峡博物馆藏品的坚实基础。

1955年原西南大区撤销建制，西南博物院更名为重庆市博物馆。至2000年重庆中国三峡博物馆成立，书画藏品在原有基础上日渐累积增多。尤其是1983年，曾任中联部副部长的李初梨（1900～1994年），无偿捐献文物534件，其中书画达239件，并且有20件定为一级文物，72件定为二级文物。绘画作品有夏昶《清风高节图》、戴进《米氏云山图》、龚贤《翠嶂飞泉图》等。2000年5月，为纪念李初梨诞辰100周年，本馆与故宫博物院联合举办《李初梨同志捐献书画展》，在故宫博物院展出历代书画作品100件。

在西南博物院、重庆市博物馆时期的藏品基础之上，经过几十年的积累，几代文博人员的辛勤努力，现我馆庋藏书画藏品已达10000余件，其中一级藏品144件，二级藏品385件，三级藏品近3000件，成为国内收藏历代书画数量、质量居前列的博物馆之一。60年来，一直热心博物馆事业，来自海内外的社会各界人士无私地向重庆中国三峡博物馆捐献书画作品，使书画藏品日臻完善。如今馆藏历代绘画已形成系列，有宋、元、明、清、民国至当代的绘画作品，包括南宋院画、元代界画、"明四家"、"浙派"、"清初四王"、"金陵八家"、"扬州画派"、"海派"及近现代吴昌硕、齐白石、黄宾虹、张大千、徐悲鸿、傅抱石等作品。

绘画卷仅撷取馆藏历代绘画精品中的141件以飨读者，这些作品代表了各时期、各流派的典型风格。下面，让我们走进画家们的笔墨世界。

一、宋元绘画

本馆宋元时期绘画虽数量不多，却为精品中的精品，既有宫廷画家的代表作品，又有职业画工的宗教绘画。

宋代绘画受到宋代理学"格物致知"、"理一分殊"理论的影响，使得两宋画家们特别注重师法自然（当时称为"写生"），绘画具有重理法、重质趣、重写实的时代特征。特别是山水画方面，截然不同于早期山水画的"水不容泛"、"人大于山"，而是以可观可行可游可居为标准。由是皴擦点染各种技法日趋完备。

馆藏南宋马麟等《杂景院画》，很好地反映了这一时期的绘画特色。此册共计八开，由马麟、许迪、林椿、李从训、韩祐、李瑛、陈居中七位宫廷画家绘制，内容涵盖花鸟、人物、庭院小景，著录于清代鉴藏家方濬颐的《梦园书画录》。小巧精致，色彩鲜丽，气息高雅，沿袭了北宋院画工笔写实的传统，而视角却由表现全景转向深入发掘，细腻表现较平凡的角落及近景中所蕴藏的美的变化。其中林椿所作折枝花一幅，更是角度细微，构图精巧。这种对特定气氛、意境和瞬间情态的捕捉，构思的巧密和风格的优美正是南宋院画的主要成就与典型特征。值得一提的是该册上杨皇后题字中的"永阳郡王"为杨后认亲的主角、杨皇后之兄杨次山，使这一册精美绝伦的宫廷绘画又具有了值得玩味的历史佐证意味。

而另一幅南宋绘画《摹贯休罗汉图》，则是由职业画家所作的宗教题材绘画，与院画的富丽典雅大不相同，更多的是工谨的摹古。线条流畅，笔法严谨，气韵高古。此画与日本宫内厅所藏宋摹五代前蜀贯休《十六罗汉图》中第十五阿氏多尊者极为相似。贯休，俗姓江，生于唐末。据《宣和画谱》记载，其作品从前蜀入宋内府共计三十幅，仅罗汉像就有二十六幅，皆"状貌古野"、"丰颐蹙额"、"深目大耳"，"或巨颡槁项，黝然若夷獠异类"。由此可知他是朝着夸张变形与装饰趣味方面开拓新风的大师，这一画法对明代陈洪绶影响颇深。此画单以形貌而论绝类此公风格，或以内府所藏画为本也未可知。画心右上方钤有"皇姊图书"方印。此印为元代鲁国大长公主祥哥剌吉所有，她是元世祖忽必烈的直系曾孙女，元武宗海山的堂妹，元仁宗的姐姐，元文宗的岳母，身份尊贵，受过良好的汉文化教育，是中国收藏史上一位重要的女收藏家。"皇姊图书"就是她的主要收藏标志。她的收藏大部分是作为陪嫁的元内府收藏品，而这些收藏品又来自于原宋金内府收藏之物。另又见袁桷《清容居士集·大长公主图画记》所载鲁国大长公主所藏图画目录中有《罗汉图》，但未题作者名字。两相印证，或当即此轴。故此画不得晚于元至治三年（1323年）。

宋代界画无论就其数量、质量、内容形式，都达到了我国绘画史上空前的高度。而这种发展的势头一直延续到了元代，因此尽管元代画坛主流被文人画所占据，尽管画史少传，元代界画仍以其精细工巧独具特色在画坛占据一席之地。以工笔严谨、造型准确为创作宗旨的界画与当时文人画家所追求的笔墨韵味相斥，却受到了重视工巧的元代朝廷的青睐。

馆藏元代佚名《天台山图》（又名《仙山楼阁图》），正是这样一幅工笔重彩金碧山水的界画。画面层楼殿阁，富丽壮阔，刻画细致入微，不失绳墨，色彩鲜丽浓艳，极富宫廷气息。如此精细的元代金碧重彩界画，目前国内仅此一件。画面正中钤盖有篆书朱文印，文为"潞国敬壹主人中和存世传宝。"考"敬壹主人"为明潞王朱常淓（1607～1646年），字中和，号敬壹，自称敬壹主人，又称敬壹道人。明神宗（朱翊钧）侄，潞简王朱翊镠第三子。他在绘画、书法、音律、制琴方面均颇有造诣。关于此图的创作年代曾有唐宋元明诸种说法。1989年，经中国古代书画鉴定组鉴定，图中楼阁鸱尾向外弯曲乃元代建筑特征，应为元人所作。

二、明代绘画

馆藏明代绘画内容丰富，涵盖明代早中晚期各主要流派及名家，山水花鸟人物各科均有代表杰作。本书精选明代绘画52件。明代是历史上的又一盛世，史称"治隆唐宋"、"远迈汉唐"。此时朝廷复征召画师入宫，但并未如两宋设置专门的翰林书画院。饶是如此，官方对画师的大举入诏，对久居野逸的中国绘画无异于一剂强心针，再加上经济繁荣、社会安定，使明代绘画画风迭变，画派繁兴。明代绘画在延续宋元绘画传统的基础上，先后衍生出了院体、浙派、吴门画派、松江派、武林派等对中国绘画史上产生巨大影响的画派。

馆藏明代早期绘画以王绂《枯木竹石图》及夏昶《清风高节图》为个中翘楚。明代初期宫廷画家机构尚未完善，除了师承南宋马远、夏圭一路画法的王履以外，主要风尚还是师法元人。

王绂被董其昌称为明代画竹的"开山手"，他继承了元人的水墨画法传统，画史称其墨竹为"明朝第一"。《枯木竹石图》纯以枯笔写竹石，山石以披麻皴之，浓墨点苔。梧桐以墨点成，得元人写意法。修篁挺节，大有清影摇风之感。画面布局、通篇气息均让人不得不想起赵孟頫的《古木竹石图》（王绂永乐初年入文渊阁，拜中书舍人，或于内府中见过赵画）。王绂作品传世不多，此画当为王绂墨竹的经典之作。

夏昶为王绂弟子，更以墨竹专称。尤长于长卷巨幅，变化万千。《清风高节图》宏篇巨幅，是夏昶的代表作。夏氏长于楷书，曾于永乐年间受命书写宫殿榜。他深受赵孟頫以书入画论"写竹八法"的影响，故以楷法入画，笔法工整。枝叶偃值浓疏，叶分向背，动合矩度。而山石多以淡墨皴擦而出。整幅画面墨竹因风飘举，摇曳多姿，观之若清风拂面，望而生凉。笔墨严谨，清风逸趣跃然纸上。

至明代中期由于宫廷画家制度的完善，以及宣宗、宪宗、孝宗三帝的大力提倡乃至亲力亲为，使得宣德至正德年间，院体浙派以双峰之势雄踞当时中国画坛，代表了当时中国绘画的主流。明代院体继承了南宋院体形象精确、法度严谨、色彩艳丽的风格，但略逊工谨，后期更是受到浙派影响，严谨之中用笔豪放挺拔。本书所选林良《鱼鸟清缘图》与杨忠《桃花源图》则分别体现了明代院体绘画的粗细两种风格。

林良既能作工笔重彩，又能作放笔水墨。画史载其"取水墨为烟波出没，凫雁嚵唼容与之态"。其师承南宋放纵简括一路，作水墨粗笔写意在当时的院画之中独树一帜。《鱼鸟清缘图》经清代扬州画派大家高凤翰鉴定为林良作品并在画心右侧记其事："乾隆丁卯进士家枫宸（高蔚宸，字枫宸，号抱庐，乾隆十年进士）从京师谒选归，收得此画，出赏于余。余定其为林锦衣笔，而为之题四诗还之。枫宸其反味乎其言也"。并题图名"鱼鸟清缘"。作品纯以水墨写意，却活泼生动，鸟叫声、水流声宛然在耳。以墨色的浓淡表现出禽鸟羽毛的华彩，率意点染，却又层次分明。用笔方面较之明代初期工细院体则体现的是粗笔水墨的豪放挺拔。尤其是在枝叶的体现上，有如草书的笔法，运笔迅捷沉稳，气韵流转。有鲜明的林良作品特点，是明代院画作品中水墨粗笔写意一派。

杨忠的《桃花源图》为全景青绿设色工笔山水，构图丰满，兼得高远与深远，物象刻画繁密真实，精细入微，近郭纯一路，为典型的明代初期院画风格。此图楼台、树木、人物皆刻画细致，用笔严谨，造型讲究。以青绿设色，妍而不俗。杨忠其人画史无传。考《赵氏铁网珊瑚》卷十二载《赵仲穆临李伯时风头骢》拖尾题跋有"玉峰杨忠"题诗。此段题跋在明代诗人袁华（1319~？年）与卢儒题跋之间。而卢儒题跋自题为"永乐甲辰春正月朔中书舍人吴郡卢儒"。则知杨忠其人应与袁华同时或稍晚，至晚不过永乐二十二年（1424年），当为洪武至永乐年间供奉内廷。或与卢儒为同侪。此画作者或即此人，由此可推《桃花源图》所记"甲子初夏三日"即是洪武十七年（1384年）。

浙派与院体关系密切，两者继承了南宋院体画的风格。不少浙派画家，包括浙派领军戴进曾供奉内廷，脱胎于院体。但不同的是，浙派画家在继承的同时，更注意个人笔墨技法与画风的变化。他们的笔墨更为粗简放纵、洒脱爽劲、酣畅淋漓，富有较强的节奏感。馆藏戴进《仿米云山图》、朱约佶《采药仙人图》均是浙派传世绘画中独具特色的佳作。

戴进《仿米云山图》，描绘高深远的全景山水，山间清流，云山巍峨。近景高松之下有凉亭一座，下临幽潭；中景小桥流水，远景云山雾罩，飞瀑飞流而下。云山仿米芾父子笔法，烟气氤氲。树法严谨，布局深远。然诸景以云烟来拉伸视觉，制造高远的感觉，略显刻意。又云山中有米芾、有高克恭，近景处理手法又见马远的"一角之景"，独不见戴进晚年的圆劲苍老，故此画可能是作者中年时期的作品。此种用笔工谨的米家山水，在戴进传世作品中极为少见，当可从中窥见戴进的另一面貌。

朱约佶是第三代靖江庄简王朱佐敬重孙，居广西桂林。父朱规钊，母鲁氏。生于明弘治十二年（1499年），92岁时尚健在。得僧古光之传，长于释道之学，以修炼为事。早涉艺涯，长登仙苑。往来多名士、禅师、道人。精于绘事，尤善人物，为吴伟江夏派传人。工书法，善诗文。著有《观化集》。今存朱约佶传世书法作品仅一件，即《楷书致谢云门札》（《辱爱帖》），藏故宫博物院。传世绘画作品仅两幅，一幅为南京博物院所藏《屈原像》，另一幅就是《采药仙人图》。

《采药仙人图》绘采药仙人一手持杖，杖上挂三桃，一手提篮，篮内为所采之药。足穿草履，发髻一束，双耳垂肩，胡髯飘逸，开怀坦胸，神色深邃。此图人物面部、须髯、衣褶用笔柔中见刚，与《屈原像》用笔粗犷、劲健、方折明显有异，可证朱约佶60岁后画风有所改变。《采药仙人图》题诗未收入《观化集》，故其创作年代在《屈原像》之后。《四库全书总目》提要云："（《观化集》）集中所载诗，皆论内丹之旨，篇首有三图，亦内养之法。原序称（朱约佶）其得僧古光之传，盖专以修炼为事者。"此图题诗谓采药仙人"醒醉定无极"，而"无极有象生玄计"，仙人采药"归来神鼎烹，夜深青凤中天吸"。无极、有象、玄计、神鼎（即仙炉），皆道家语。又朱约佶以"西粤弄丸山人"自号（《观化集》卷七朱约佶自署"西粤弄丸山人云仙约佶著"），按"弄丸"之"丸"，指"太极先天圆图"，俗称"阴阳鱼图"。可知《采药仙人图》实乃朱约佶自谓也，是目前国内仅见可证朱约佶为"以修炼为事者"之绘画作品。

明代中叶以后，院体浙派与国俱衰，苏州城及其近郊的"吴门派"日渐兴起。吴门画派及其支系在馆藏明代绘画占据很大比例，其时吴门兴盛可见一斑。同时活跃在明末的还有蓝瑛，其流派亦按地域称为武林派。这个阶段花鸟画、人物画亦大家辈出，各具特色。

吴门画派以沈周为创始人，继以文徵明、唐寅、仇英，并称为"吴门四家"。他们艺术渊源自元四家，风格却各有侧重，面貌各异。其中沈周、文徵明、唐寅同属文人笔墨，沈周侧重于黄公望和倪瓒，文徵明在元四家之外又深受赵孟頫的影响，画风细润文雅。唐寅与仇英师承周臣，远追院体，而后结交沈周、文徵明，受二人影响，吸取元四家，将院体兼文人画笔墨，独得一面。仇英为工匠出身，但画风也受到文人画影响，摹古功力深厚，画风浓丽细致。

作为吴门四家之首的沈周，世代隐居吴门。由于其家业富足，沈周虽自幼接受良好的文士教育而不需要刻意去追求富贵功名，因此沈周的一生乃至其祖父、父亲、叔伯都过着有如退隐文人般的生活。他的伯父沈贞吉、父亲沈恒吉都以诗文书画闻名，沈周承受家学，早年又师从杜琼。因为家藏甚富，使他得以在师法宋元绘画的基础上发展了文人水墨写意山水及花鸟画的表现技法，对元明以来的文人画发展起了承前启后的作用，是吴门画派的领袖。其书法学黄庭坚，深具个人面貌。馆藏《吴城怀古图》、《临水宴坐图》及《万壑寒林图》则分别展示了沈周不同时期的不同风貌。

《吴城怀古图》是其诗书画结合的范本，书法气势雄浑稳健、结体严整，得黄庭坚神髓；七律文字功底深厚，发人深省；绘画以水墨寥寥数笔勾勒出苍茫孤寂的城郭风光。诗书画交相辉映，堪称"三绝"。另外此轴与一般山水画的不同之处在于以书法为主体，山水画缩于一角，颇类如今插图画风格。

《临水宴坐图》属于沈周早年开拓大幅时的作品，画面诠释了传统山水的平远深远特色，亦反映出沈周对宋元各家的融会贯通，出入自然。溪岸右边的山头是典型的黄公望式的戴石插坡法，描绘的是土石各半的江南山峦景色。近景处利用小块水面的空白将焦点引导至临流老者的身上是来自王蒙的手法。整幅笔法上体现出沈周早期的严谨细秀。画心右上沈周自题诗，诗书画三而合一，是沈周早期作品当中的代表作之一。另外该诗旁有明代文学家陈霆（约1477～1509年，字声伯，号水南居士）题诗一首："岩吹溪淙洒面颜，住教双手奏潺湲。阴阴绿树斜阳下，又了山中一日闲"。

《万壑寒林图》体现的则是沈周盛年的作品，气势雄浑，笔墨豪放，是其个人风格的成熟期。是卷与日本东京角川家藏的《赠吴宽行图》在风格上有许多相似之处，当是作者同一时期作品。根据《万壑寒林图》卷后唐鸿昌的题跋，这幅图曾经被裂为两段分别收藏。其中一段被清代著名诗人陈矩（1851～1939年，字衡山）收藏，后在唐鸿昌的帮助下购得另外一段，终成完璧。之后，此卷先后被清代藏家邹怀西（字耿光）、民国黄隐（1882～？年，字逸民）、王缵绪收藏，1951年由王缵绪捐赠给西南博物院。本卷并无沈周的题款，只见沈周朱文"启南"印章钤印于骑缝处。张敦仁跋疑为款识在流传过程中被裁切去。今见《崇山修竹图》轴及《为珍庵写山水图》轴，均仅钤他的印章，其款识均为数年后沈周再次见到才补题。故推测此卷或与上两轴相同，即原本就仅有钤印而无款识。这是明清画家的一种较为常见的题款类型。自明初以来，这种只钤印记不书款识的现象逐渐增多，甚至有的因为只钤印而被后人误识为他人作品。

吴门四家中另一集大成者文徵明出身仕宦，与祝允明、唐寅、徐祯卿称为"吴中四才子"。其绘画师从吴宽、李应祯、沈周。在吴门四家中，成就比肩沈周，成为继沈周之后的吴门领袖。其追随者众多，画史称吴门派主力大都出自文氏门下。绘画风格早期工细，晚年粗细皆能。文氏一生负盛名，索画者众，代笔、伪作亦多。馆藏《葵阳图》为文徵明进京任翰林院待诏时的精心佳作。

《葵阳图》是山水画中的园林画，乃是文徵明为同侪翰林院待诏、中书舍人李葵阳而作。表现文人居住环境和生活习性的题材一直是文徵明画作的重要内容。引首有文徵明自题篆书"葵阳"二字，卷末又有其自题五言古诗以赋之。构图精谨，境界简逸，笔墨细丽清秀。诗书画相得益彰，极富文人情趣，是明代文人画的代表佳作。卷后有明代书法家马一龙、文学家郑若庸、清代鉴藏家孔广陶（咸丰、同治间人，孔子第七十代孙）等题跋多段。此卷当作于1523～1526年，文徵明在北京任翰林院待诏期间。

唐寅出身商人家庭，受到良好的教育。29岁时得中南京解元，但入京会试时以考场舞弊案牵连而断绝仕途之路。从此绝意进取，以诗文书画终其一生。在明四家中，唐寅是比较特殊的一例，他既是文人画家，又是职业画家，或者说他介于文人画家跟职业画家之间。他有着文人画家的出身与知识涵养，而最后因为不得志而鬻画为生使他成为一名职业的画家。又因为他早年学画于职业画家的周臣，追慕李唐、刘松年、马远的院体传统，而后又与沈周、文徵明、祝允明等文人书画家相善，吸取元代四家水墨浅绛法，使他成为真正的兼收并蓄、自创一派的大家。区别于仇英的工匠出身，唐寅自身的学识使得他的作品是从神髓上吸收文人画的精华。馆藏《临韩熙载夜宴图》，启功、刘九庵、谢稚柳等赞为"仅次于故宫卷"的"头等特级品"。

《韩熙载夜宴图》是顾闳中奉南唐后主李煜之命，夜至韩熙载的宅第窥视其夜宴的情景而作的。唐寅此卷系临本，但对顾氏原作的段落安排作了较大的变动。顾作一开始即为宴乐的高潮，似若突如其来。此图改为韩氏谦居，有一侍女似正在禀告有客来临的光景，下面紧接着就是宴乐、闻笛、观舞等热烈场面出现，于情节更为合理。卷末展以小憩、调笑结束，使夜宴生活的场面有起有落，各具波涛，画虽已尽，而余波不已。景节完整自然，又不落俗套。唐氏又于每一段落间增绘屏风，山石盆景以为间隔，使画面段落分明，又衔联成章，前后呼应，一气呵成。此卷工致细腻、敷色华丽，极尽宴乐歌吹奢侈靡丽之能事。从唐寅传神的笔触中，可见韩熙载双眉紧锁，难掩忧心忡忡。其间有唐寅题诗两首："废尽千金收艳粉，如何不学耿先生"、"潇洒心情谁得似，灞桥风雪郑元和"。考"耿先生"为五代南唐女道士，好书善画，为诗往往有佳句，雅通黄白之术，能拘制鬼魅，为人洒脱自在；"郑元和"为唐代传奇《李娃传》中的男主人公。两者及图中韩熙载都似唐寅自况，以风流放浪来掩饰心中的失意不平。

吴门四家传派支流众多，名家辈出。其中董其昌作为吴门画派分支华亭派的首领人物，其南北宗绘画理论对明晚期及清代画史产生了极大的影响。其书画创作讲求追摹古人，但并非泥古不化，在笔墨的运用上追求先熟后生的效果，拙中带秀，体现出文人创作中平淡天真的个性，《云山小隐图》正是这种风格的典型体现。该卷作于天启元年（1621年），为董其昌67岁时的作品，自题拟黄鹤山樵，实仿黄子久法，是董其昌中晚年水墨山水画的代表作。本馆另藏有其《拟高克恭山水图》、《雪山萧寺图》等董其昌不同时期的作品。

在吴门画派主流之外，明代中晚期亦有多种画派并存，其中尤以蓝瑛的武林派为突出。蓝瑛一生以绘画为职业，因饱览大江南北名胜而创作内容丰富。其出身于浙派绘画的荟萃之地，但又与吴门支系的松江派文人画家交从甚密，对各派绘画的吸收学习，再加上自身游历所得，使得蓝瑛绘画自成风范，对明末清初绘画产生了巨大的影响，被称为"武林派"。受其影响的画家包括陈洪绶以及金陵八家等著名画家。作为职业画家，蓝瑛的作品存世数量较多，仅我馆就收藏多件，其中以《疏林远岫图》、《湖芜高逸图》最见作者功力。

《疏林远岫图》作者自题为仿倪瓒，却不见倪瓒标志性的一江两岸布局与折带皴法，山石多元人乱麻法，笔法苍劲疏宕，笔笔不是倪瓒，却又见倪瓒空灵气韵，独具特色。《湖芜高逸图》作者自题为仿李成，并自书七律一首，山石以芝麻点皴佐以短披麻皴，极富个人色彩。而树叶的浓丽用色我们也将在稍后陈洪绶的山水画《停舟对话图》中见到。这种工细的画法是蓝瑛晚年的典型风貌。

明代中晚期除山水画以外，花鸟画、人物画在技法上也得到进一步发展。涌现出一大批花鸟、人物画大家，陈淳、丁云鹏、陈洪绶就是其中代表。

花鸟画方面，馆藏作品有与徐渭并称"青藤白阳"的陈淳的代表佳作。其中《花卉册》设色水墨各半，精美绝伦，充分体现陈淳驾驭没骨花卉小品的功力。而陈淳的《辛夷花图》，纯以水墨写没骨花卉，在未干的淡墨上以浓墨渲染，又在一笔之中体现墨色层次变幻，只觉满纸墨色缤纷，生趣盎然。佐以作者自书题记，诗书画意韵味流转，堪称作者代表佳作，亦是明代文人画笔墨意趣的一次完美体现。

丁云鹏、陈洪绶分别是人物画方面的名家。丁云鹏被清代"浙西二高士"之一的方薰称为"平正为法，是为大宗"。他以白描人物著称，绘画风格远宗北宋李公麟。在明末人物画家中，丁云鹏与陈洪绶、崔子忠成鼎足之势。馆藏《洛神图》作于万历三十七年（1609年），丁云鹏时年62岁。此卷先后经高岱、朱之赤、高士奇等鉴藏名家收藏，流传有绪，并收录入高士奇《江村书画目》中。画面以白描手法绘一女子衣袂飘飘踏波而来，笔若春蚕吐丝，毫发入微，连绵婉转。虽女子形态若凌波洛神，但观作者自题乃知是为名为"非非"的丽人所作肖像。加上其后各家题跋，在绘画本身之外，更平添一段艺坛趣事。此画是丁云鹏的代表作之一。

陈洪绶出身仕宦之家，从小受到了良好的教育。他幼年就开始作画，早年受教于蓝瑛。后又拜入刘宗周、黄道周门下，受到东林党人的影响。这使得陈洪绶的绘画既摹古又不拘成法，敢于打破常规。其所作人物形象奇古，线条沉着劲练，富有想象力。馆藏陈洪绶《晞发图》即是他上述风格的典型体现。晞发，本指把洗净的头发晾干，后亦指洗发。此图一美髯男子长发披肩，人物须发毛根出肉，力健有余，面孔被夸张地拉长变形，衣纹清圆细劲，于流畅中略见顿挫，这种远承自五代贯休罗汉图的人物变形画法正是陈洪绶成熟时期的风格。画中高士的衣着形骸，桌上马蹄尊中插着的竹枝与菊花，散落的冠笄以及盘中的佛手，还有放在一边的古琴，无一不是在暗示男子文人隐士的身份，似乎在暗合清代遗民的避世心境，以借此表达自己在明亡以后还继续苟活的负疚感。由款识"老迟"之号可知作于明亡之后。

三、清代绘画

清代绘画是馆藏绘画之大宗。清代绘画存世较多，一方面是时代去今未远，一方面也体现出清代画坛的纷繁局面，绘画创作又达到一个顶峰。明清朝代更迭，使得政治、经济、文学、艺术等社会各方面都面临着一场天崩地解的动荡。虽然讲求笔墨趣味的文人画仍占据主流，山水画与水墨写意画仍在盛行，然而，受当时政治文化环境的影响，清代绘画艺术形式不断翻新出奇，风格争奇斗妍。

清代初期画坛上出现了以"四王"为代表的摹古派。摹古派所提倡的"潇洒，柔和，含蓄，曲弱"的审美情趣，既符合儒学中庸平和的传统理念，又迎合了清初上层社会的政治需求，因而得到皇室的大力扶持，被奉为画坛正宗。"四王"即王时敏、王鉴、王翚、王原祁，其传派包括其弟子、子孙，人数众多，影响深远。我馆清代绘画中"四王"作品序列完整，其传派诸家也多有精品。

"四王"之首的王时敏，为清代画坛娄东派奠基人。王时敏与"四王"中的其他三王有师徒之谊，影响很大。王时敏作画强调师古，主张"一树一石，皆有原本"，反对自出己意。他的祖父王锡爵曾与董其昌同朝为官，王时敏少时受其指导，为董其昌的入室弟子，画法早期较为工细清秀。入清以后，王时敏闭门不出，寄情翰墨，画法学董、巨、王蒙等诸家，尤专黄公望，风格更为苍劲浑厚。馆藏《仿米云山图》为王时敏晚年作品，此轴以水墨横点写山水树石，用笔苍润古朴。干笔勾皴山石水面，湿笔濡染远山树木。墨色醇厚，苍浑秀嫩。作者自题"戏仿米家山"，如此生趣盎然的墨戏极为罕见。

王鉴与王时敏同为江苏太仓人，也被列为"娄东派"领袖之一。王鉴比王时敏小6岁，以子侄辈自谦。王鉴家藏丰富，擅长临摹仿古，常与王时敏切磋画艺，早年画作受王时敏影响较大，二人风格较为接近。但王鉴摹古不专取黄公望，而是兼学其他诸家，尤其偏重墨法，因此他的画较王时敏沉雄、润泽。馆藏《仿梅道人山水图》及《烟浮远岫图》中均表现出了这一特点。《仿梅道人山水图》作于顺治十五年，仿元代吴镇以粗笔淡墨描写了蓊郁的云山。《烟浮远岫图轴》为王鉴77岁时仿巨然的山水作品，描绘了江南的山峦丘岭，山多矶头，而不作嶒崚奇峭之状。画面中用墨浓润，骨重气轻，匠心独具，沉雄古逸。

王翚少时得王鉴赏识而收为弟子，后得王时敏指点，是二王最得意的门生。王翚虽然接受了王时敏强调摹古的绘画理论，但广采诸家之长，融汇南北画宗为一，形成了自己的面貌，为"四王"之中技法最为全面的一个，在清代初期被尊为"画圣"。王翚与其后学者开创了虞山画派。馆藏《仿元人山水图》画面右上方有王翚友人清代书画家笪重光（1623～1692年）题识，指明此为王石谷赠画。此图清丽工秀、明快生动，作于1673年，是王翚绘画巅峰时期的佳作。这幅作品也见证了王翚与笪重光之间友谊。

王原祁为娄东派创始人。其幼年即得王时敏指点临习古画，秉承家学，画法风格以仿黄公望为主，喜用干笔积墨法，层层皴擦，积淡为浓，使画面融和厚重，元气淋漓。王原祁提出"化浑厚为潇洒，变刚劲为柔和"的绘画理论，对后世影响极大。馆藏王原祁《山水图》，画面精细，用笔稳健，笔墨秀润，设色融合浅绛与青绿。右下有"侍读臣王原祁恭画"款识与"臣原祁"朱文印，应为一副应制之作，是反映其艺术特色的精心之作。另一幅《扁舟图》，为作者67岁（1709年）时为画院同侪山水名家马昂所作。同样以细致的笔墨和赭石、石绿间用的设色描绘了山石、树木、渔村以及停泊在芦花丛中的孤舟，表现了一种闲适的退隐生活。画面布局平远开阔，笔法益加苍劲拙朴。是其转向"熟而后生"期间的精品。画心左下有"毕泷鉴定"朱文印。拖尾有题跋三十七段。

王原祁得清代宫廷器重，娄东派几乎独霸一时。清代名家唐岱、方士庶、董邦达、钱维城、王宸等，均为娄东派门人。由于本书篇幅所限，以上馆藏的各家佳作只能略举一二。

作为娄东派门人的钱维城，其画颇受乾隆帝赏识，《石渠宝笈》中收录他的作品达160多幅。作者擅画折枝花卉，曾作《七秋图》迎合上意。而馆藏《九秋图》就是一幅深得乾隆喜爱的折枝花卉作品。此图作于乾隆三十三年，是年乾隆驻跸避暑山庄而没有像往年一样带作者同行，作者为了邀宠而精心制作此画以进。怀着这样的目的，可以说此画算是穷尽钱维城一身功力的。九秋是指秋季的九十天，此时间内有九种秋花盛开，所以名曰"九秋同庆"，是一种吉庆画题。本卷绘秋花九种，一花一叶，临风带露，鲜妍艳美，娇娆可爱，形态逼真。勾描渲染，工整精细，设色雅致清丽。九种花卉，看似分株独立，实则互相顾盼有情，气联意合，整体协调。每枝花卉旁皆配有乾隆御题诗，钤有二十四方清宫收藏鉴赏图章，诗书画一体，珠联璧合。此卷为清宫原装原裱，玉别子上刻有描金字"乾隆御赏之宝"，三次收录入石渠宝笈，是清宫历代皇帝珍爱之物，实乃不可多得的佳品。该卷原为清宫内府藏品，后被溥仪带出，辗转流落到西南。1954年自重庆市民徐志川处购得。

清代初期，与摹古派相反，一大批明代遗民画家在创作中表现出了"反法"的特点。他们中的大部分人不愿做清朝的顺民，或参禅入道，或避世隐居。这种"不合作"的情绪在艺术表达上体现为反对古法,主张抛弃以"六法论"为代表的前人之法而直入"澄怀观道"的境界。"法无常法",但"天不变,道亦不变";承袭汉文化的明王朝虽已覆灭,但汉文化的地位却不能动摇。遗民画家正是以这种方式表达了对故国的感念追怀以及坚守其文化传统的理想。清初"四僧"、金陵八家正是其中的代表。

"四僧"指明末清初的四位僧人画家弘仁、髡残、朱耷、石涛。当四王所代表的摹古风格在宫廷的认可下成为北方画坛的主流正统时,四僧为代表的江南画家则突破常规,竭力发挥其创造性,冲破当时画坛摹古的樊篱。他们的这种自创性对后世产生极大的影响,从清代中期的"扬州八怪"、晚期的"海派"直到近代的齐白石、张大千、潘天寿等莫不受其熏陶。

朱耷为明宁献王九世孙,明亡后出家为僧。自19岁遭受国破家亡之痛,一生经历坎坷,满腔悲愤宣泄于诗文书画之间。他的绘画也受到这种感情的影响,具有很深的隐喻意义。花鸟画所作鱼鸟皆作"白眼向人"状,山水画枯索冷寂、满目苍凉。馆藏《鹭鸶蓉华图》非常明显的反映了这一特色。此轴描绘山石上立鹭鸶一只,荷花数枝。以侧锋枯笔显山石嶙峋坚硬之貌。水墨大写意绘荷叶,雄浑恣意,几笔草草即见荷叶繁茂之状。鹭鸶立于荷叶下,拳足缩颈,白眼向天,一副寄人篱下又傲兀不群之态。内容极为简练,仅一石、一荷、一鸟而已。鸟眼一圈一点,眼珠顶着眼圈,而神情毕现。构图上大幅留白,主要景物都堆积在右侧,仅以两笔功力深厚的荷枝及右上题款起到了画面平衡的作用,布局奇险而余韵无穷。整幅画形象洗练,造型夸张,表情奇特,墨色淋漓酣畅,是朱耷晚期花鸟画的经典之作。

石涛为明靖江王朱赞仪十世孙,父亨嘉因自称监国,1646年被唐王朱聿键处死于福州。时石涛年幼,由太监带走,后出家为僧。凡山水、人物、花果、兰竹、梅花,无不精妙。且能熔铸千古,独出手眼。其构图之奇妙,笔墨之神化,题诗之超逸,都表现了他的风骨早脱前人窠臼。他主张"搜尽奇峰打草稿",轻视泥古不化之风,是明末清初画坛革新派的代表人物。著有画论《石涛画语录》。馆藏《松庵读书图》作于康熙四十一年(1702年),为作者去世前四年之作。考"松庵"或为孔子第六十七代孙孔毓珣(?~1730年,号松庵)。作者自题诗侧有虎门销烟名将李廷钰(1792~1861年)所作七言诗一首及石涛小传一段。此轴曾为李廷钰收藏,钤有白文"壮烈伯章"。此帧为石涛最为擅长的水墨写意山水,布局新奇,脱尽巢臼,草木多以横点为之,别出心裁,又集诗书画一体,笔墨洗练,是石涛晚年代表佳作。

"金陵八家"并不是一个画派,是指明末清初活动于金陵的遗民画家龚贤、樊圻、高岑、邹喆、吴宏、叶欣、胡慥、谢荪等八人。其绘画不摹古,写实性较强,能在生活经历及大自然中获得灵感,有各自的风格。大都隐居不仕,以卖画为生。在馆藏的金陵八家绘画中,以龚贤的《翠嶂飞泉图》最佳。

龚贤少年时曾学画于董其昌,甲申之变时他已20余岁。早年在外漂泊流离,晚年隐居于南京清凉山下卖画、课徒直至终老。工诗文,善行草,源自米芾,又不拘古法,自成一体。著有《香草堂集》。尤善画山水,师法董源、二米、吴镇、沈周,注重写生,多绘南京一带风光。他最大的艺术特点是善于用墨,继承和发展了北宋的"积墨法",形成他自己的独有特色,画史称"黑龚"。他另有一种面貌称为"白龚"。其画风对金陵诸家皆有影响,为金陵八家之首,成就尤著。《翠障飞泉图》是典型的"黑龚"作品。描绘深林古木之下有村居其间,一座小桥延伸入左侧画面,连接被河流分割的前后景。后景云雾间有飞瀑出焉,云雾飘渺之上更有层峦叠嶂,高山巍峨,远山迷蒙。林木蓊郁深秀,得幽远静谧之意。层层积墨,多次皴擦渲染,墨色厚而润,又层次分明,图像厚重立体,得苍茫深远之感。

右上作者自题行草七律一首，诗书画合而为一，是龚贤传世作品中的经典之作。

除此之外，清初还涌现出一批优秀的职业画家与宫廷画家。馆藏谢彬《村斗图》、禹之鼎《文潞公园图》及强国忠《山水图》正是其中的代表佳作。

《村斗图》属人物画中的风俗画科。此画科盛行于两宋时期，至明清时则遽然衰落，传世者益稀。此图作于康熙十七年（1678年），作者用笔简练精到，寥寥几笔则人物形象意态具焉。山石皆淡墨勾皴，焦墨点苔，树法精巧，构图巧妙新颖，内容妙趣横生，是一幅难得的市井风情画面，当是作者晚期作品的精心之作。

禹之鼎初师蓝瑛，后取法宋元诸家，转益各师，精于临摹，功底扎实，康熙间供奉内廷。馆藏《文潞公园图》绘文潞公（文彦博）洛阳耆英会故事。构图平远开阔，用笔精细，山石多勾少皴，线条柔润，中锋用笔。画风工细雅秀，色彩艳丽，近仇英一派。又因此画只钤印而未题款，故曾被人误识而添仇英款。实则画面左下有禹之鼎白文"慎斋禹之鼎印"、朱文"广陵涛上渔人"印两印，是禹之鼎只钤印而未书款的作品。又画心上方钤有白文"克勤王章"。而禹之鼎生卒年为1647～1716年，故此画当于1778年后入克勤郡王府收藏，并非禹之鼎为克勤郡王所作。

强国忠曾与王原祁及孙岳颁同侍内廷，共讲论书画，自言"二十年来书惭茂苑，画愧娄东"。馆藏强国忠《山水图》受四王山水的影响，笔墨谨守法度，景致繁密郁茂。同时又受到西洋绘画的影响，讲究透视效果与光影的运用，屋宇楼阁规整。此册被收录入《石渠宝笈》初编卷四十一。钤"乾隆御览之宝"、"御书房鉴藏宝"、"石渠宝笈"、"嘉庆御览之宝"等清内府鉴藏印记。由之后收藏印可考此册大约在慈禧时期由内府流出，先后经清代著名书画鉴藏家孙毓汶及其子孙梃、近代藏书家刘之泗、收藏家王绍延收藏。后抗战时期流入重庆。

清代中期，一个新的绘画派别出现于扬州画坛，即所谓"扬州八怪"，又称"扬州画派"。一般所指画家是郑燮、金农、黄慎、李鱓、李方膺、高翔、汪士慎和罗聘，但并不止此八人。他们中有文人和布衣，多在扬州卖画为生，故名。他们有各自的绘画风格和独特成就，又有诸多相近之处，标新立异，不受约束，其绘画风格被"正统"派视为异端，世人以"怪"视之。馆藏扬州八怪作品序列整齐，质量俱佳。不仅有代表李鱓典型风格的《花卉图》，还有堪称米芾《研山铭》"姊妹篇"的罗聘《合作研山图》。

李鱓一生经历坎坷，时常见诸笔端。故其用笔不拘法度，纵横驰骋。为扬州八怪之一，与金农齐名。据《花卉图》风格应为李鱓中年之后作品。以色作墨，以墨为色，水法用笔，墨色淋漓，放纵洒脱之中见天趣，不拘形似而意态见焉。册页间多见作者自况诗，如"莫讶买来颜色旧，辕门拣退到贫家"句，实写作者被罢黜的个人经历，且抱有怀才不遇的幽愤。可谓诗书画相映生辉，是代表作者典型风格的精品。

罗聘20岁随金农学画，常为金农代笔。善山水、人物、花卉等。画法受金农、石涛、华嵒影响。创造大胆，下笔精准。为扬州八怪中最年幼者。2002年。启功先生鉴定国家文物局从日本购回的米芾《研山铭》时说："其实它还有一姊妹篇。"而这个"姊妹篇"正是收藏于我馆的罗聘等五人所作《合作研山图》。此卷实际上是七件作品的合装卷。包括翁方纲隶书小字《宝晋斋研山考》、罗聘次子罗允缵绘《宝晋斋研山图》、研山实物的正反两面拓本、罗聘、朱本等五人《合作研山图》等。展读此卷，不仅可以通过翁方纲的考证了解研山铭的历史，研山的来历下落，还可通过拓片一窥失落的研山真貌，更能欣赏到由名家合作的水墨研山之美。与米芾《研山铭》交相呼应，相映生辉。此外，馆藏还有罗聘《午桥庄图》、《二色梅花图》等多件作品。

与此同时一种新兴的画科——"指画"悄然

兴起。这是清代绘画求新求变的产物。其萌芽于清初，然至高其佩时始完善，故画史称："以指为画，始于高铁岭使君韦之"。高其佩隶汉军镶黄旗，以荫官至刑部侍郎。创指画，运指如笔，晚年甚至弃笔不用。其追随者众，遂成"指头画派"，经久不衰。馆藏《松林骑马图》构图别致佳妙，设色清雅，生动趣致。画心右侧作者自记其指画理论，实为少见。此图应为作者指画作品的代表佳作。

清代晚期画坛随着国力衰微，传统的文人画及宫廷扶植的院体画日益式微。而上海作为风口浪尖率先被开辟的通商口岸，这时已成为新的绘画要地，出现了海派。馆藏清代晚期绘画比之前融入了更多的西洋画技法，这种从清宫院体画开始的对光线对透视对色彩的中西方风格融合如今更多的进入了民间绘画的领域。

馆藏费丹旭、汤贻汾《楼观沧海图》，正是文人山水画与职业画工的人物画一个合装卷。费丹旭开清代仕女画一派，与改琦并称"改费"，自成风貌，有"费派"仕女之名。实则其肖像画造诣在仕女画之上。在画法上发展了肖像画的技法，融笔墨色为一体，格调清新淡雅。汤贻汾承娄东派衣钵，发展了淡墨干笔皴擦之法，枯中见润，自成一格。《楼观沧海图》汇聚晚清人物、山水画两位名家于一卷，各展所长，难得的是俱是为巴县（今重庆主城）王劼（字海楼）所作，见证了三人的交往，是一幅兼具历史价值与艺术价值的佳作。本卷由两件作品构成，第一幅为道光十三年（1833年）费丹旭为王劼所作写真肖像，不加任何背景，着重刻画其形态特征和性格风度。图中王劼手执纨扇，眼角嚙笑，衣袂轻飘，风度潇洒，若行进之态。笔墨简洁流畅，色墨融合，色调淡雅，凸显文人风流气度。第二幅为汤贻汾以王劼表字海楼为题所作，巧妙的将王劼的名字嵌入宋之问诗句"楼观沧海日"中。画面淡墨微皴，秀润淡雅，用笔清雅细秀，极见文人情趣，是汤贻汾作品的典型面貌。

而馆藏赵之谦《仿懊道人花卉图》，则是清代晚期海派作品的代表。海派，又称"海上画派"。鸦片战争后，上海成为近代中国经济、文化中心，各地画家云集于此，形成"海上画派"。他们大都为平民出身，以卖画为业，创作题材丰富，画面清新通俗，深受工商人士和平民阶层的欢迎。海派绘画是中国近现代绘画史的转折点。代表画家有赵之谦、四任等。

赵之谦重视创格和从俗，不论是题材、布局还是色彩方面，都别开生面，达到雅俗共赏的艺术效果。创立了海派的基调，有"前海派"之称。《仿懊道人花卉图》作于同治四年（1865年），于纨扇面中绘芍药两枝，一朱一白。白花绿叶，而红花墨叶，色彩对比强烈，艳丽浓重又见层次，大俗大雅。名为仿懊道人（李鱓），实则是自己的粗笔写意花卉，利用勾花点叶把双钩和没骨两种技法和谐地结合起来，使人毫无突兀之感。作者运用其深厚的书法篆刻功底，笔笔劲到。布局饱满，又于险中求稳，得"繁而不乱"，"满而不塞"的独特艺术效果。

中国绘画史往往将吴昌硕作为古代、现代绘画的"分界"人物，此次所录则为吴昌硕之前的历代书画藏品。故馆藏吴昌硕、齐白石、黄宾虹、张大千、徐悲鸿、傅抱石等作品将在今后的画册中介绍。

目 录

序 ············001
概述 ············004
绘画

1. 马麟等 杂景院画 册（八开） 南宋 ············003
2. 佚名 临贯休罗汉图 轴 南宋 ············008
3. 佚名 仙山楼阁图 扇页 元 ············010
4. 王绂 枯木竹石图 轴 明 ············012
5. 夏昶 清风高节图 轴 明 ············013
6. 朱约佶 采药仙人图 轴 明 ············014
7. 戴进 仿米云山图 轴 明 ············016
8. 佚名 千里江山图 卷 明 ············017
9. 林良 鱼鸟清缘图 轴 明 ············024
10. 杨忠 桃花源图 轴 明 ············026
11. 沈周 吴城怀古图 轴 明 ············028
12. 沈周 临水宴坐图 轴 明 ············029
13. 沈周 万壑寒林图 卷 明 ············030
14. 文徵明 葵阳图 卷 明 ············034
15. 文徵明 仿倪山水图 卷 明 ············040
16. 唐寅 临韩熙载夜宴图 卷 明 ············044
17. 彭年、文嘉等 寒渚秋色图 扇页 明 ············050
18. 陈淳 花卉图 册（八开） 明 ············051
19. 陈淳 辛夷花图 轴 明 ············056
20. 陈栝 玫瑰图 扇页 明 ············058
21. 谢时臣 黄鹤楼图 轴 明 ············059
22. 张复 山涧古藤图 轴 明 ············060
23. 张宏 海上仙岛图 卷 明 ············062
24. 张宏 虎丘看月图 轴 明 ············064
25. 董其昌 拟高克恭山水图 轴 明 ············065
26. 董其昌 云山小隐图 卷 明 ············066
27. 董其昌 雪山萧寺图 轴 明 ············068
28. 宋旭 桃源图 卷 明 ············070
29. 赵左 孤棹垂钓图 轴 明 ············074
30. 孙克弘 秋菊图 轴 明 ············075
31. 莫是龙 乱山秋色图 卷 明 ············076
32. 吴振 济川图 卷 明 ············078
33. 卞文瑜 水村消夏图 轴 明 ············080
34. 蒋蔼 仙岩春色图 轴 明 ············081
35. 赵备 墨竹图 轴 明 ············082
36. 曹羲 逍遥曳杖图 轴 明 ············083
37. 史忠 江湖寓适图 卷 明 ············084
38. 张祐 秋林策杖图 轴 明 ············086
39. 程嘉燧 听松图 轴 明 ············087
40. 朱鹭 翠绿千重图 卷 明 ············088
41. 丁云鹏 洛神图 卷 明 ············092
42. 王彬 三教圣人图 轴 明 ············094
43. 蓝瑛 摹王右丞山水图 轴 明 ············095
44. 蓝瑛 湖芜高逸图 轴 明 ············096
45. 蓝瑛 疏林远岫图 轴 明 ············097
46. 陈洪绶 停舟对话图 轴 明 ············098
47. 陈洪绶 晞发图 轴 明 ············100

绘画

48. 魏克 江天远行图 扇页 明 …… 101
49. 张风 灞桥风雪图 扇页 明 …… 102
50. 张风 乐梧消暑图 轴 明 …… 103
51. 王崇简 寒鸦雪石图 扇页 明 …… 104
52. 李因 花鸟图 卷 明 …… 106
53. 李因 牡丹双燕图 轴 明 …… 110
54. 邹之麟 水村山居图 轴 明 …… 111
55. 胡靖 乔松柱石图 轴 明 …… 112
56. 王时敏 仿米云山图 轴 清 …… 113
57. 王鉴 仿梅道人山水图 扇页 清 …… 114
58. 王鉴 烟浮远岫图 轴 清 …… 115
59. 王翚 仿元人山水图 轴 清 …… 116
60. 王原祁 扁舟图 卷 清 …… 118
61. 王原祁 山水图 轴 清 …… 120
62. 恽寿平 苍虬翠壁图 轴 清 …… 121
63. 杨晋 芦岸牧牛图 轴 清 …… 122
64. 唐岱 泉光云影图 轴 清 …… 123
65. 方士庶 仿巨然山水图 轴 清 …… 124
66. 方士庶 寒潭画舸图 轴 清 …… 125
67. 钱维城 九秋图 卷 清 …… 126
68. 董邦达 仿元山水春色图 扇页 清 …… 128
69. 王玖 夏山沙碛图 轴 清 …… 129
70. 王宸 江行揽胜图 轴 清 …… 130
71. 朱耷 山水图 轴 清 …… 132
72. 朱耷 鹭鸶蓉华图 轴 清 …… 133
73. 石涛 松庵读书图 轴 清 …… 134
74. 梅清 黄山松谷图 轴 清 …… 135
75. 查士标 雨余新涨图 轴 清 …… 136
76. 查士标 赤城图 轴 清 …… 137
77. 龚贤 翠嶂飞泉图 轴 清 …… 138
78. 樊圻 山水图 册（八开） 清 …… 140
79. 高岑 水阁渔舟图 轴 清 …… 142
80. 邹喆 双燕桃花图 扇页 清 …… 143
81. 担当 临流图 轴 清 …… 144
82. 萧一芸 溪山楼阁图 轴 清 …… 145
83. 萧云从 关山行旅图 卷 清 …… 146
84. 谢彬 村斗图 轴 清 …… 150
85. 曹有光 千崖秋爽图 轴 清 …… 152
86. 戴明说 墨竹图 轴 清 …… 154
87. 冯湜 鸣泉翠深图 轴 清 …… 155
88. 茅麐 藤阴读书图 卷 清 …… 156
89. 奚涛 西湖春晓图 轴 清 …… 158
90. 诸昇 仿大痴山水图 扇页 清 …… 159
91. 罗牧 山水图 轴 清 …… 160
92. 罗牧 幽居卧游图 轴 清 …… 161
93. 顾符稹 虎丘图 卷 清 …… 162
94. 王武 蓉桂图 扇页 清 …… 164
95. 高简 秋林观瀑图 轴 清 …… 165
96. 禹之鼎 文潞公园图 轴 清 …… 166
97. 禹之鼎 墨竹图 轴 清 …… 168

98. 袁江 江山楼阁图 轴 清 ……… 169
99. 金农 枇杷图 轴 清 ……… 170
100. 李鱓 秋葵鸡黍图 轴 清 ……… 171
101. 李鱓 花卉图 册（十二开） 清 ……… 172
102. 汪士慎 墨梅图 轴 清 ……… 174
103. 黄慎 纫兰图 轴 清 ……… 175
104. 高翔 山水图 屏（四条） 清 ……… 176
105. 郑燮 七月新篁图 轴 清 ……… 179
106. 郑燮 兰竹石图 轴 清 ……… 180
107. 李方膺 牡丹图 轴 清 ……… 181
108. 罗聘 午桥庄图 轴 清 ……… 182
109. 罗聘等 研山图 卷 清 ……… 184
110. 罗聘 二色梅花图 轴 清 ……… 186
111. 华嵒 牧马图 轴 清 ……… 187
112. 华嵒 松涧苍鹿图 轴 清 ……… 188
113. 华嵒 仿赵仲穆山水图 轴 清 ……… 190
114. 高凤翰 花石图 册（十开） 清 ……… 192
115. 边寿民 花卉图 册（十二开） 清 ……… 194
116. 蔡嘉 层崖石屋图 轴 清 ……… 196
117. 蔡嘉 仕女凝思图 轴 清 ……… 198
118. 闵贞 凝思图 轴 清 ……… 199
119. 朱本 沧江来雁图 轴 清 ……… 200
120. 蒋廷锡 水墨牡丹图 扇页 清 ……… 201
121. 蒋廷锡 花果蔬菜图 册（十二开） 清 ……… 202

122. 强国忠 山水图 册（十二开） 清 ……… 204
123. 高其佩 指画松林骑马图 轴 清 ……… 206
124. 李世倬 万木奇峰图 轴 清 ……… 207
125. 张庚 林峦沙水图 轴 清 ……… 208
126. 钱载 墨竹图 轴 清 ……… 209
127. 张洽 六逸图 卷 清 ……… 210
128. 张敔 春光长寿图 扇页 清 ……… 212
129. 黄易 高逸图 扇页 清 ……… 213
130. 龚有融 写生小品图 轴 清 ……… 214
131. 张问陶 达摩渡江图 轴 清 ……… 215
132. 张问陶 西崖诗意图 册（十二开） 清 ……… 216
133. 瑛宝 云笈山房图 卷 清 ……… 218
134. 费丹旭、汤贻汾 楼观沧海图 卷 清 ……… 222
135. 汤贻汾 玲珑石图 轴 清 ……… 224
136. 戴熙 云峰耸秀图 轴 清 ……… 225
137. 钱杜 秋声落遥渚 扇页 清 ……… 226
138. 谭铭 仿元人山水图 轴 清 ……… 227
139. 王素 仕女拜月图 轴 清 ……… 228
140. 赵之谦 仿懊道人花卉图 扇页 清 ……… 229
141. 任薰 历史人物图 屏（八条） 清 ……… 230

后记 ……… 235

绘画

CONTENTS

绘画

1. Academic Traditional Paintings of Sceneries (Album, Octavo) Southern Song Dynasty 003
2. Arhat, after Guan Xiu (Hanging Scroll) Southern Song Dynasty 008
3. Architectures on the Mountain of the Immortals (Fan Face) Yuan Dynasty 010
4. Withered Trees, Bamboos and Rocks (Hanging Scroll) Ming Dynasty 012
5. Bamboos and Rocks (Hanging Scroll) Ming Dynasty 013
6. Immortal Gathering Herbs (Hanging Scroll) Ming Dynasty 014
7. Mountains and Clouds, in the Style of the Mis' (Hanging Scroll) Ming Dynasty 016
8. Landscape (Handscroll) Ming Dynasty 017
9. Birds (Hanging Scroll) Ming Dynasty 024
10. Fairy Land of Peach Blossom (Hanging Scroll) Ming Dynasty 026
11. Meditating on the Past in Gusu (Hanging Scroll) Ming Dynasty 028
12. Banquet Beside the River (Hanging Scroll) Ming Dynasty 029
13. Forests in the Vales in Winter (Handscroll) Ming Dynasty 030
14. Sunflowers (Handscroll) Ming Dynasty 034
15. Landscape, in the Style of Ni Zan (Handscroll) Ming Dynasty 040
16. *The Night Revelry at Han Xizai's,* after Gu Hongzhong (Handscroll) Ming Dynasty 044
17. Islet in Autumn (Fan Face) Ming Dynasty 050
18. Flowers and Plants (Album, Octavo) Ming Dynasty ...051
19. Magnolia Flowers (Hanging Scroll) Ming Dynasty 056
20. Roses (Fan Face) Ming Dynasty 058
21. Huang He Lou (Hanging Scroll) Ming Dynasty 059
22. Wisteria, River and House in Mountain (Hanging Scroll) Ming Dynasty 060
23. Isles of Immortal on the Sea (Handscroll) Ming Dynasty 062
24. Enjoying the Moon on Huqiu (Hanging Scroll) Ming Dynasty 064
25. Landscape in the Style of Gao Kegong's (Hanging Scroll) Ming Dynasty 065
26. Hermitage in Mountain Far Away (Handscroll) Ming Dynasty 066
27. Quiet Temple on Snowy Mountain (Hanging Scroll) Ming Dynasty 068
28. Fairy Land of Peach (Handscroll) Ming Dynasty 070
29. Fishing in Boat Alone (Hanging Scroll) Ming Dynasty 074
30. Chrysanthemums (Hanging Scroll) Ming Dynasty 075

31. Autumn Scenery over Mountains (Handscroll) Ming Dynasty ... 076
32. For Mr. Shen Jichuan (Handscroll) Ming Dynasty ... 078
33. Summer Resort in the Village Beside River (Hanging Scroll) Ming Dynasty ... 080
34. Spring Scenery over the Rocks of Immortal (Hanging Scroll) Ming Dynasty ... 081
35. Ink Bamboos (Hanging Scroll) Ming Dynasty ... 082
36. Wandering About at Leisure with A Staff (Hanging Scroll) Ming Dynasty ... 083
37. Landscape (Handscroll) Ming Dynasty ... 084
38. Walking in the Forest with a Staff in Autumn (Hanging Scroll) Ming Dynasty ... 086
39. Listening to the Whispering Pines (Hanging Scroll) Ming Dynasty ... 087
40. Bamboos Ming Dynasty ... 088
41. Goddess of the River Luo (Handscroll) Ming Dynasty ... 092
42. Sages of the Three Religions(Confucianism, Buddhism, Taoism) (Hanging Scroll) Ming Dynasty ... 094
43. Copied after Landscape by Wang Youcheng (Hanging Scroll) Ming Dynasty ... 095
44. Noble Scholar of Huwu (Hanging Scroll) Ming Dynasty ... 096
45. Thin Forest and Hill Far Away (Hanging Scroll) Ming Dynasty ... 097
46. Talking on Boats (Hanging Scroll) Ming Dynasty ... 098
47. Drying Hair (Hanging Scroll) Ming Dynasty ... 100
48. Going on a Long Journey (Fan Face) Ming Dynasty ... 101
49. Snowing in Baqiao (Fan Face) Ming Dynasty ... 102
50. Summer Resorting (Hanging Scroll) Ming Dynasty ... 103
51. Crows on Snowy Stones (Fan Face) Ming Dynasty ... 104
52. Flowers and Birds (Handscroll) Ming Dynasty ... 106
53. Peony and Two Swallows (Hanging Scroll) Ming Dynasty ... 110
54. Country Beside the River (Hanging Scroll) Ming Dynasty ... 111
55. Pines and Pillar Stones (Hanging Scroll) Ming Dynasty ... 112
56. Clouds and Mountains in the Style of the Mis' (Hanging Scroll) Qing Dynasty ... 113
57. Landscape in the Style of Taoist Priest Mei (Fan Face) Qing Dynasty ... 114
58. Mists surrounding the Hills Far Away (Hanging Scroll) Qing Dynasty ... 115
59. Landscape in the Style of Yuan Dyansty (Hanging Scroll) Qing Dynasty ... 116
60. Boating (Handscroll) Qing Dynasty ... 118

绘画

绘画

61. Landscape (Hanging Scroll) Qing Dynasty *120*
62. Dark Trees and Green Cliff (Hanging Scroll) Qing Dynasty *121*
63. Tending Buffalo along the Reeds Bank (Hanging Scroll) Qing Dynasty *122*
64. Cloudy Mountain Scenery (Hanging Scroll) Qing Dynasty *123*
65. Landscape in the Style of Ju Ran (Hanging Scroll) Qing Dynasty *124*
66. Boat in Winter Pond (Hanging Scroll) Qing Dynasty *125*
67. Nine Flowers of Autumn (Handscroll) Qing Dynasty *126*
68. Spring Scenery in the Style of Yuan Dynasty (Fan Face) Qing Dynasty *128*
69. Mountain and Sand Moraine in Summer (Hanging Scroll) Qing Dynasty *129*
70. Sightseeing When Traveling along the River (Hanging Scroll) Qing Dynasty *130*
71. Landscape (Hanging Scroll) Qing Dynasty *132*
72. Egret Among Flowers and Plants (Hanging Scroll) Qing Dynasty *133*
73. Reading in the Hut in Pine Forest (Hanging Scroll) Qing Dynasty *134*
74. Pine Valley in Huangshan Mountain (Hanging Scroll) Qing Dynasty *135*
75. Flood after Rain (Hanging Scroll) Qing Dynasty *136*
76. Chicheng City (Hanging Scroll) Qing Dynasty *137*
77. Running Spring in Forest (Hanging Scroll) Qing Dynasty *138*
78. Landscape (Album, Octavo) Qing Dynasty *140*
79. Boat and Pavilion by Water (Hanging Scroll) Qing Dynasty *142*
80. Two Swallows and Peach Blossoms (Fan Face) Qing Dynasty *143*
81. Sitting Beside the River (Hanging Scroll) Qing Dynasty *144*
82. River, Waterfall, Belvederes and Hill (Hanging Scroll) Qing Dynasty *145*
83. Travelling in Guanshan Mountain (Handscroll) Qing Dynasty *146*
84. Quarrelling (Hanging Scroll) Qing Dynasty *150*
85. Resorting in Mountain in Autumn (Hanging Scroll) Qing Dynasty *152*
86. Ink Bamboos (Hanging Scroll) Qing Dynasty *154*
87. Spring in the Deep Forest (Hanging Scroll) Qing Dynasty *155*
88. Reading under the Wisteria (Handscroll) Qing Dynasty *156*
89. The West Lake in Spring (Hanging Scroll) Qing Dynasty *158*
90. Landscape in the Style of Da Chi (Fan Face)

Qing Dynasty 159
91. Landscape (Hanging Scroll) Qing Dynasty 160
92. Quiet Home Beside River in Mountain (Hanging Scroll)
    Qing Dynasty 161
93. Huqiu Garden (Handscroll) Qing Dynasty 162
94. Confederate Roses and Osmanthuses (Fan Face)
    Qing Dynasty 164
95. Enjoying the Waterfall in Forest in Autumn (Hanging Scroll) Qing Dynasty 165
96. Duke Wenlu's Garden (Hanging Scroll)
    Qing Dynasty 166
97. Ink Bamboos (Hanging Scroll) Qing Dynasty 168
98. Landscape and Belvederes (Hanging Scroll)
    Qing Dynasty 169
99. Loquats (Hanging Scroll) Qing Dynasty 170
100. Hibiscus and A Hen (Hanging Scroll)
    Qing Dynasty 171
101. Flowers and Plants (Album, Duodecimo)
    Qing Dynasty 172
102. Ink Prunus (Hanging Scroll) Qing Dynasty 174
103. Orchids (Hanging Scroll) Qing Dynasty 175
104. Landscape (Screen, Four Strips) Qing Dynasty ... 176
105. New Bamboo in July (Hanging Scroll)
    Qing Dynasty 179
106. Orchid, Bamboo and Stone (Hanging Scroll)
    Qing Dynasty 180
107. Peonys (Hanging Scroll) Qing Dynasty 181
108. Wuqiao Manor (Hanging Scroll)
    Qing Dynasty 182
109. Ink slabs in Mountain Shape (Handscroll)
    Qing Dynasty 184
110. Prunus Blossoms in Two Colors (Hanging Scroll)
    Qing Dynasty 186
111. Tending Horses (Hanging Scroll)
    Qing Dynasty 187
112. Deer in the Pine Trees (Hanging Scroll)
    Qing Dynasty 188
113. Landscape in the Style of Zhao Zhongmu's (Hanging Scroll) Qing Dynasty 190
114. Flowers and Stones (Album, Tenmo)
    Qing Dynasty 192
115. Flowers and Plants (Album, Duodecimo)
    Qing Dynasty 194
116. Stone and House on the Precipices (Hanging Scroll)
    Qing Dynasty 196
117. Meditating Lady (Hanging Scroll)
    Qing Dynasty 198
118. Meditating (Hanging Scroll) Qing Dynasty 199
119. Wild Geese Flying across the Cang River (Hanging Scroll) Qing Dynasty 200
120. Ink Peony (Fan Face) Qing Dynasty 201
121. Flowers, Fruits and Vegetables (Album, Duodecimo)

绘画

Qing Dynasty 202	Qing Dynasty 216
122. Landscape (Album, Duodecimo) Qing Dynasty 204	133. Mountain and House (Handscroll) Qing Dynasty 218
123. Riding A Horse in the Pine Forest, Finger Painting (Hanging Scroll) Qing Dynasty 206	134. Overlooking the Sea on A Pavilion (Handscroll) Qing Dynasty 222
124. Trees on the Hill (Hanging Scroll) Qing Dynasty 207	135. Exquisite Stone (Hanging Scroll) Qing Dynasty 224
125. Forest, Mountains, Desert and Water (Hanging Scroll) Qing Dynasty 208	136. Montain Surrounded by Clouds (Hanging Scroll) Qing Dynasty 225
126. Ink Bamboos (Hanging Scroll) Qing Dynasty 209	137. Autumn Falling on the Faraway Isle (Fan Face) Qing Dynasty 226
127. Leisure Times (Handscroll) Qing Dynasty 210	138. Landscape in the Style of Yuan Dynasty (Hanging Scroll) Qing Dynasty 227
128. Paradise Flycatcher on Peach Tree (Fan Face) Qing Dynasty 212	139. Lady Prostrating to the Moon (Hanging Scroll) Qing Dynasty 228
129. Daffodils and Bamboos (Fan Face) Qing Dynasty 213	140. Flowers in the Style of Taoist Priest Ao (Fan Face) Qing Dynasty 229
130. Sketches (Hanging Scroll) Qing Dynasty 214	141. History Figures (Screen, Eight Strips) Qing Dynasty 230
131. Arhat Dharmatala Crossing the River (Hanging Scroll) Qing Dynasty 215	
132. Landscape of West Precipice (Album, Duodecimo)	

繪

畫

1. 杂景院画 册（八开）
Academic Traditional Paintings of Sceneries (Album, Octavo)

南宋 Southern Song Dynasty

杂景院画之一

马麟等　绢本设色　纵14、横22厘米

1951年王缵绪捐赠

马麟，山西永济人，马远之子。宁宗嘉泰年间（1201～1204年），授画院祗侯，得宁宗赵扩、恭圣皇后杨妹子称赏，每于父子画上题句。善山水、人物、花鸟。

许迪，毗陵人。曾学于僧居宁门下，后为宫廷画师，善作花卉、奇石、禽兽，生趣盎然，各臻其妙。

林椿，钱塘人，生卒年不详。南宋淳熙年间（1174～1189年），画院待诏，赐金带。工花鸟翎毛，师赵昌，宗徐崇嗣。

李从训，杭州人。宣和年间（1119～1125年）待诏，绍兴年间（1131～1162年），间复宫补承直郎，赐金带。工画道释、人物、花鸟，位置不凡，传彩精妙，高出流辈。

韩祐，江西石城人。绍兴年间（1131～1162年），画院祗侯。花鸟草虫师林椿。

李瑛，绍兴年间（1131～1162年）画院待诏，善花卉、禽兽。

陈居中，生卒年不详，活跃于12世纪。嘉泰时任画院待诏。擅人物、蕃马、走兽等，笔墨精致，色彩艳丽，形象准确，神情生动逼真。其山羊走兽等亦富有情趣。

本册是南宋时期马麟、许迪、林椿、李从训、韩祐、李瑛、陈居中等七位宫廷画家的作品，推篷式装。设色写生，花鸟、草虫、人物各尽其妙。虽然篇幅不大，但小巧精致，色彩艳丽，气息高雅。图册中的五幅作品有宋宁宗杨皇后（人称杨妹子）的题字"上兄永阳郡王"字样，字上加盖"癸酉贵妾杨姓之章"篆文朱文长条印，所钤"御府图书"印，表明该册曾为南宋宫廷所收藏，所钤项子京印鉴存疑。每幅边栏上有姚元之、方濬颐题诗与书写的作者小传。该册著录于清代方濬颐《梦园书画录》，名称为"宋院画小品册"。

杂景院画之二

杂景院画之三

杂景院画之四

清风摇玉珮

杂景院画之五

绘画

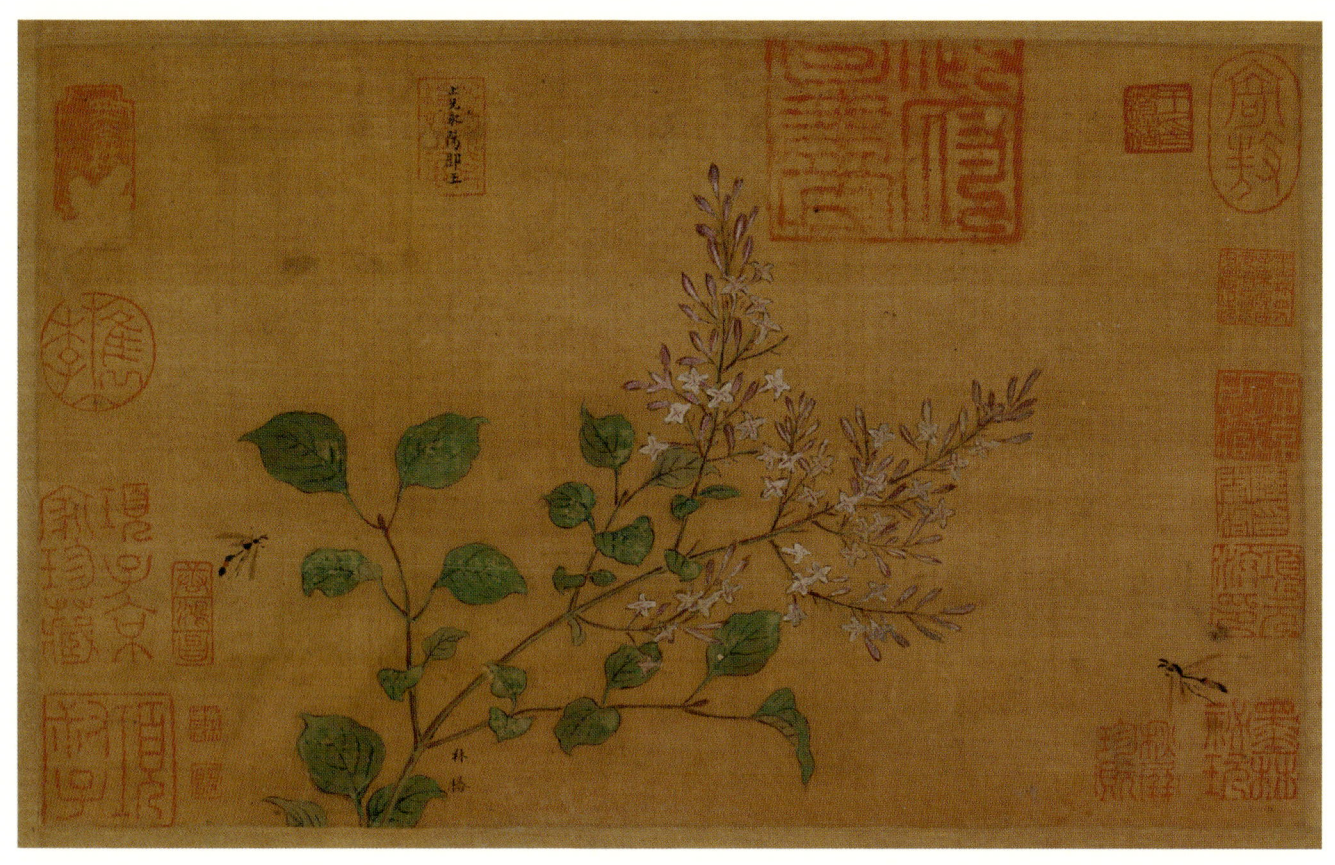

杂景院画之六

杂景院画之七

杂景院画之八

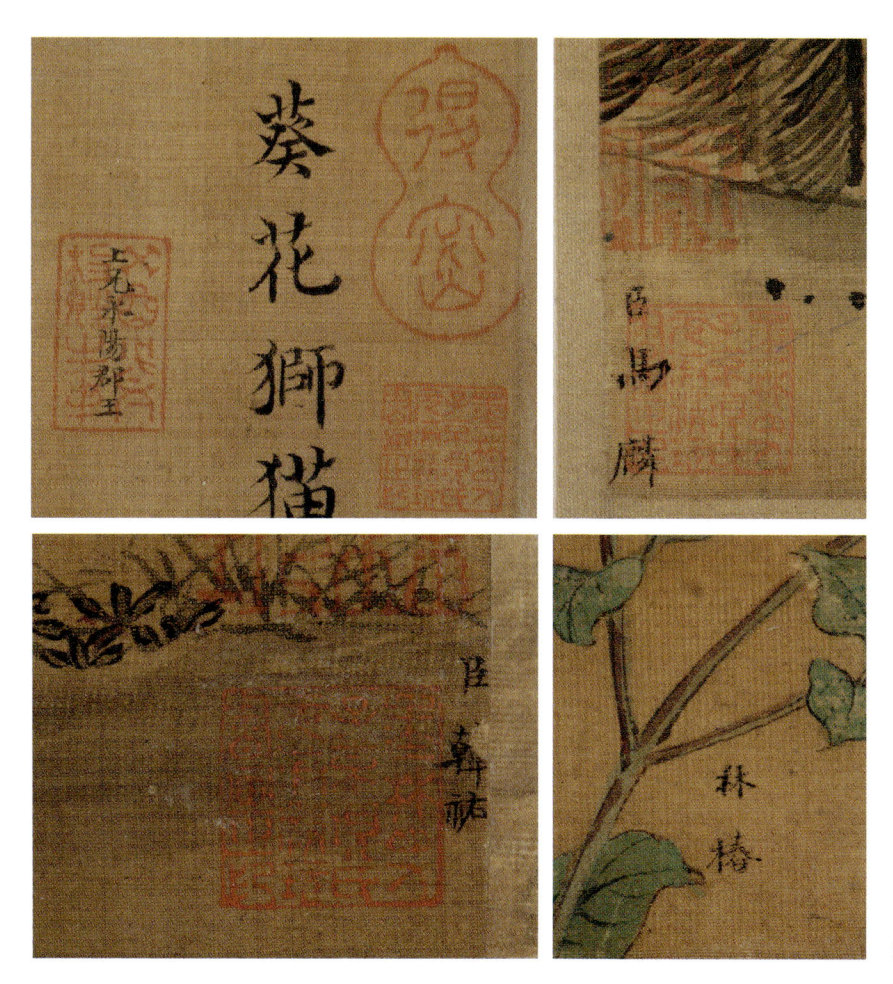

杂景院画局部

2. 临贯休罗汉图 轴
Arhat, after Guan Xiu (Hanging Scroll)

南宋 Southern Song Dynasty

佚名 绢本设色 纵110.4、横50.5厘米

1951年白隆平出售

贯休为五代前蜀僧人，字德隐，号禅月大师。师法阎立本，代表作为十六"应梦罗汉"，相传为其梦中所见，应是以其所见胡僧为基础，故人物形象夸张。图中罗汉双手抱膝，跌坐于石上，庞眉大目，朵颐隆鼻，胡僧面目，与画史所载贯休罗汉风格相似。此画材质为唐绢，画面右上钤有元鲁国大长公主"皇姊图书"之印，左下有南宋后添款"蜀僧贯休作"悬针篆字。

绘画

3. 仙山楼阁图 扇页
Architectures on the Mountain of the Immortals (Fan Face)

元 Yuan Dynasty

佚名　绢本设色　纵26.4、横27.5厘米

1951年王缵绪捐赠

此图金碧设色，用笔极精细。画面呈椭圆形，在山峦云雾中，重楼复阁，隐现其间，曲苑回廊，敷色华丽，楼阁精致。周围绕以苍松翠柏，祥云缭绕，景色极为幽静深邃。建筑群中，又有各色人物一百多人，皆如米粒大小，而五官俱背，纤毫可见。

左下角有印一方，印文残缺不易辩识。正中盖有篆书朱文印，文为"潞国敬壹主人中和存世传宝。"知此画曾经为明潞藩收藏。后附清人胡升猷，王澍，李慈铭，胡薇元等人题跋三十二则。前人流传此幅为唐大李将军或小李将军所作，后经傅熹年先生以图中建筑形制论定为元画。

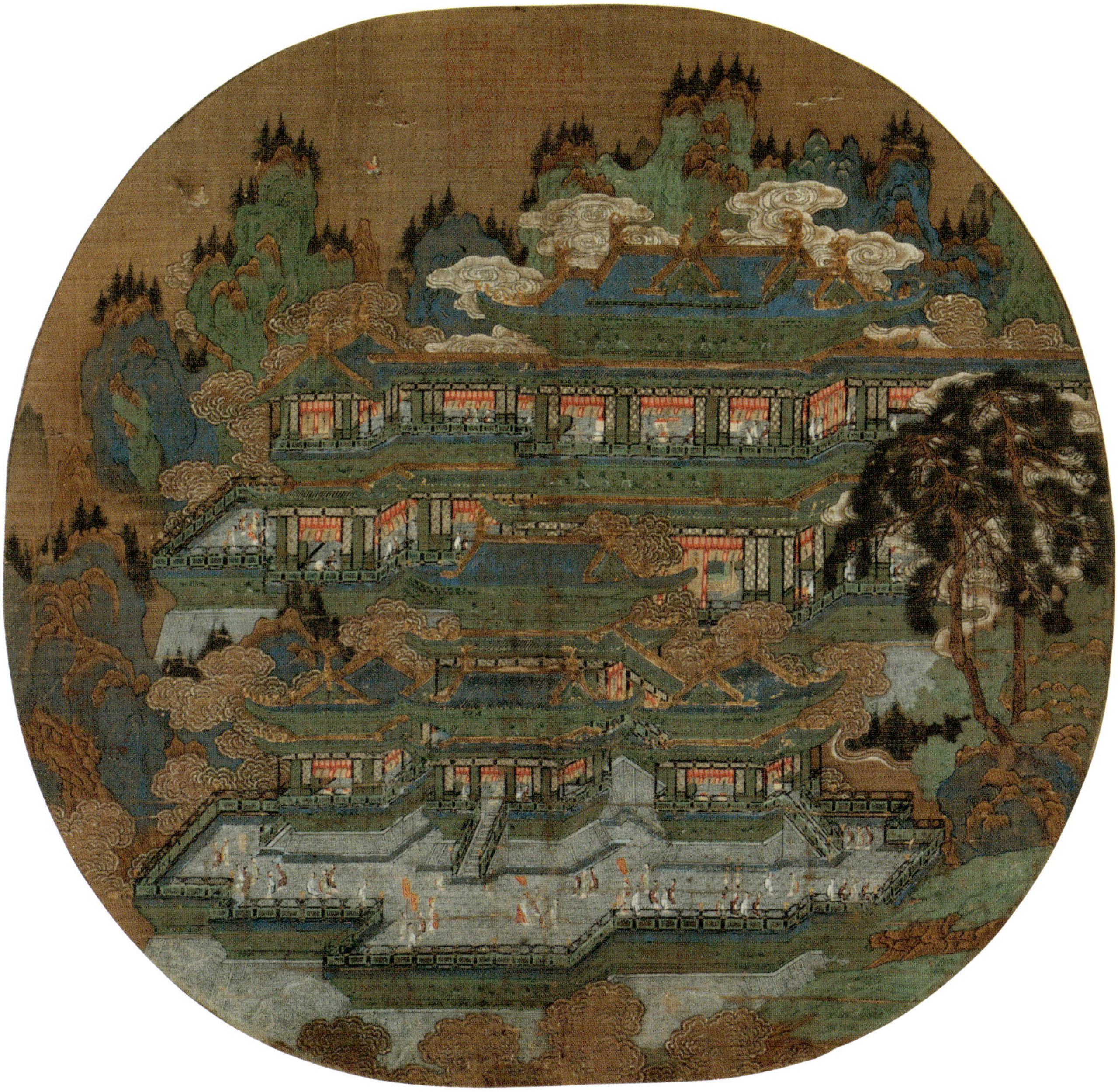

4. 枯木竹石图 轴
Withered Trees, Bamboos and Rocks (Hanging Scroll)

明 Ming Dynasty

王绂　纸本水墨　纵90.5、横31厘米

1951年曾禹卿捐赠

王绂（1362～1461年），字孟端，无锡人。以善墨竹名满天下。

此画作于明永乐九年（1411年）。以枯笔绘枯木细竹立于二石之上。枯木昂扬挺拔，竹法严谨合度，山石皴以细密的披麻皴。画风古朴，得元人真意。

款识："九龙山人王绂写寄□□先生"。钤印："孟端"白文方印。

5. 清风高节图 轴
Bamboos and Rocks (Hanging Scroll)

明 Ming Dynasty

夏昶 绢本墨笔 纵158、横81厘米

1983年李初梨捐赠

夏昶（1388～1470年），字仲昭，号自在居士，又号玉峰。永乐进士，江苏昆山人。正统中官至太常寺卿，直内阁。画墨竹师王绂，能得其妙，时推第一，名驰绝域，争以金购他画的竹石，有"夏昶一枝竹，西凉十锭金"之谣。所作竹枝烟姿雨色，偃仰浓疏，动合矩度，盖行家也。

此图为水墨大中堂，写山石墨竹。图中墨竹因风飘举、摇曳多姿。近竹用浓墨以楷书笔法描绘出鲜活之态，远竹和竹竿用淡墨轻染，制造层次分明之感。山石以斧劈皴淡墨少勾，浓墨点苔。叶分向背，墨化五色。作者自题"清风高洁"。

款识："东吴夏昶仲昭笔"。钤"东吴夏昶仲昭书画印"及"夏卿图书"二印。

7. 仿米云山图 轴
Mountains and Clouds, in the Style of the Mis' (Hanging Scroll)

明 Ming Dynasty

戴进　绢本设色　纵137、横75.8厘米

1983年李初梨捐赠

戴进（1388～1462年），字文进，号静庵，又号玉泉山人，钱塘人。初学银工，所造花鸟人物精巧绝人伦，继而学画，山水得诸家之妙，模拟李唐、马远居多。为明院体浙派之祖。

此幅画以水墨为主，绘云山林木，在树干和屋顶等处，略施赭石色，表示日光所照射。整幅云山仿米芾父子笔法，烟雨朦胧苍润的夏季景色，山石树枝亦以渲染出之，笔法苍古，布景幽然恬静，不失大家法度。

款识"钱塘戴进写"。钤"静庵"朱文方印。

8. 千里江山图 卷
Landscape (Handscroll)

明 Ming Dynasty

绘画

千里江山图之一

千里江山图之二

佚名　纸本设色　纵32、横896厘米

1955年重庆市文化局移交

是卷设色绘江南景色。林木闾舍，桥板蹊径，湖港纵横，山势绵延，水汽蒸腾，人物舟船点缀其间，生气盎然。用笔苍劲古雅，设色浓淡合度，使人见之忘俗。题款为人割裂，从其画风上看，当为明代中期浙派作品。

绘画

千里江山图之三

千里江山图之四

绘画

绘画

千里江山图之五

千里江山图之六

绘画

绘画

千里江山图局部

千里江山图之七

千里江山图之八

绘画

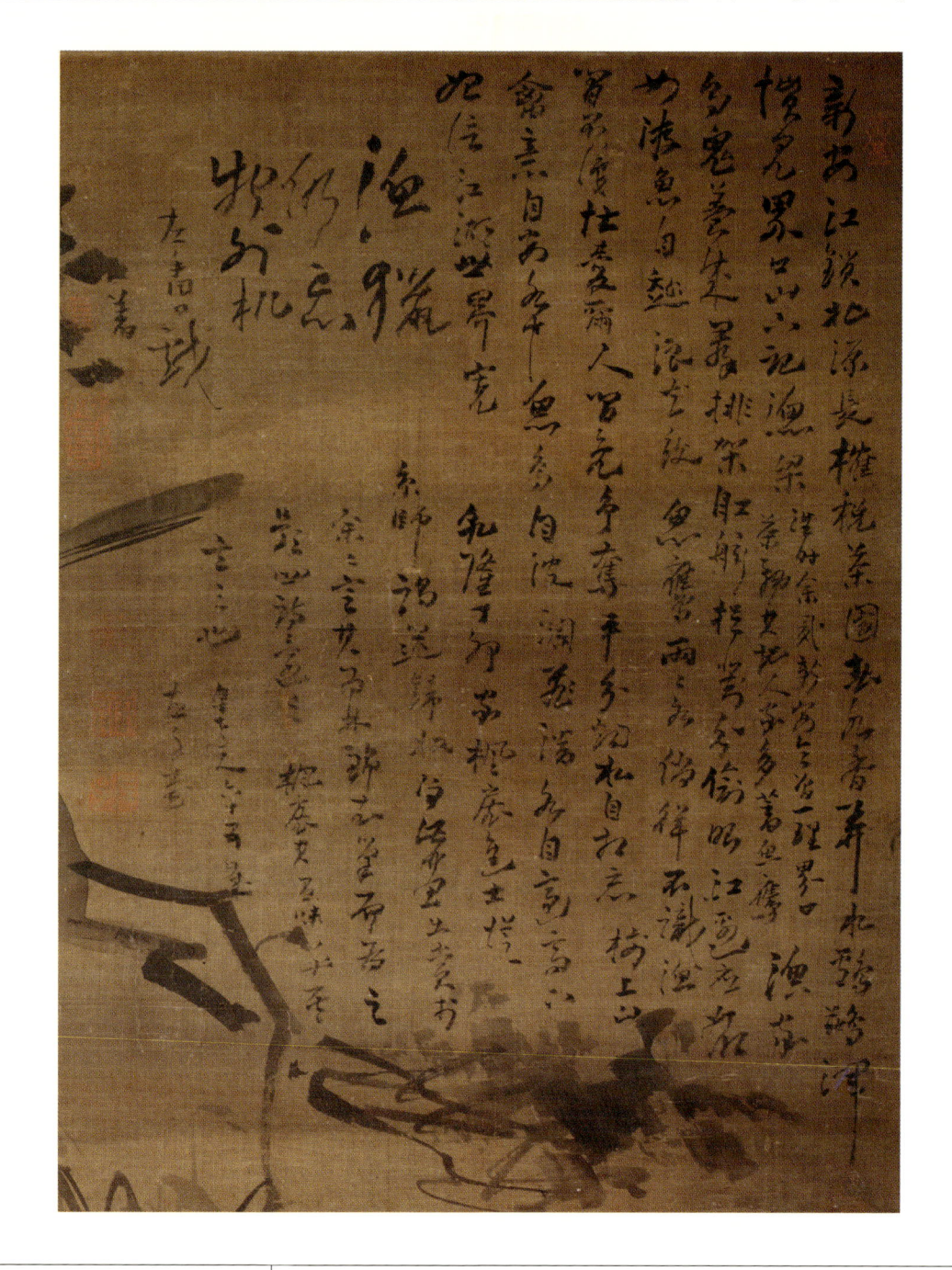

9. 鱼鸟清缘图 轴
Birds (Hanging Scroll)

明 Ming Dynasty

林良　绢本水墨　纵123、横72厘米

1983年李初梨捐赠

林良（约1416～1480年），字以善，广东南海人。天顺间供奉内廷，继承南宋院画粗笔花鸟传统，擅水墨写意花鸟，着色简淡，笔法豪放。为明代画院代表作家之一。

图中水鸟二只游戏水中，左上山岩上垂下的树枝上一小鸟正探身下视。整幅画面运笔豪放，挥洒自如，墨色活润之中见笔势之飞动。原画本无款，经清人高凤翰鉴定为林良作品，并题绝句四首及图名"鱼鸟清缘"。

绘画

025

10. 桃花源图 轴
Fairy Land of Peach Blossom (Hanging Scroll)

明 Ming Dynasty

杨忠　绢本设色　纵172、横105.5厘米

1954年重庆市文化局移交

杨忠，人物生平待考。由其画风推断当为明画院画家。

此图青绿设色，描写陶渊明《桃花源记》中的景色。写渔人离舟上岸、与众人答礼。布局深得高远、深远之妙。树木、楼台、人物近乎仇英。工细雅秀，色调淡雅清丽。苍山雄奇，楼阁精细，作者巧妙的以云雾隔出景深，使人顿生探幽之意。巨幅大幛，满幅布局，堪称明代画院代表作。

款识"甲子初夏三日杨忠"。印章不辨。

绘画

11. 吴城怀古图 轴
Meditating on the Past in Gusu (Hanging Scroll)

明 Ming Dynasty

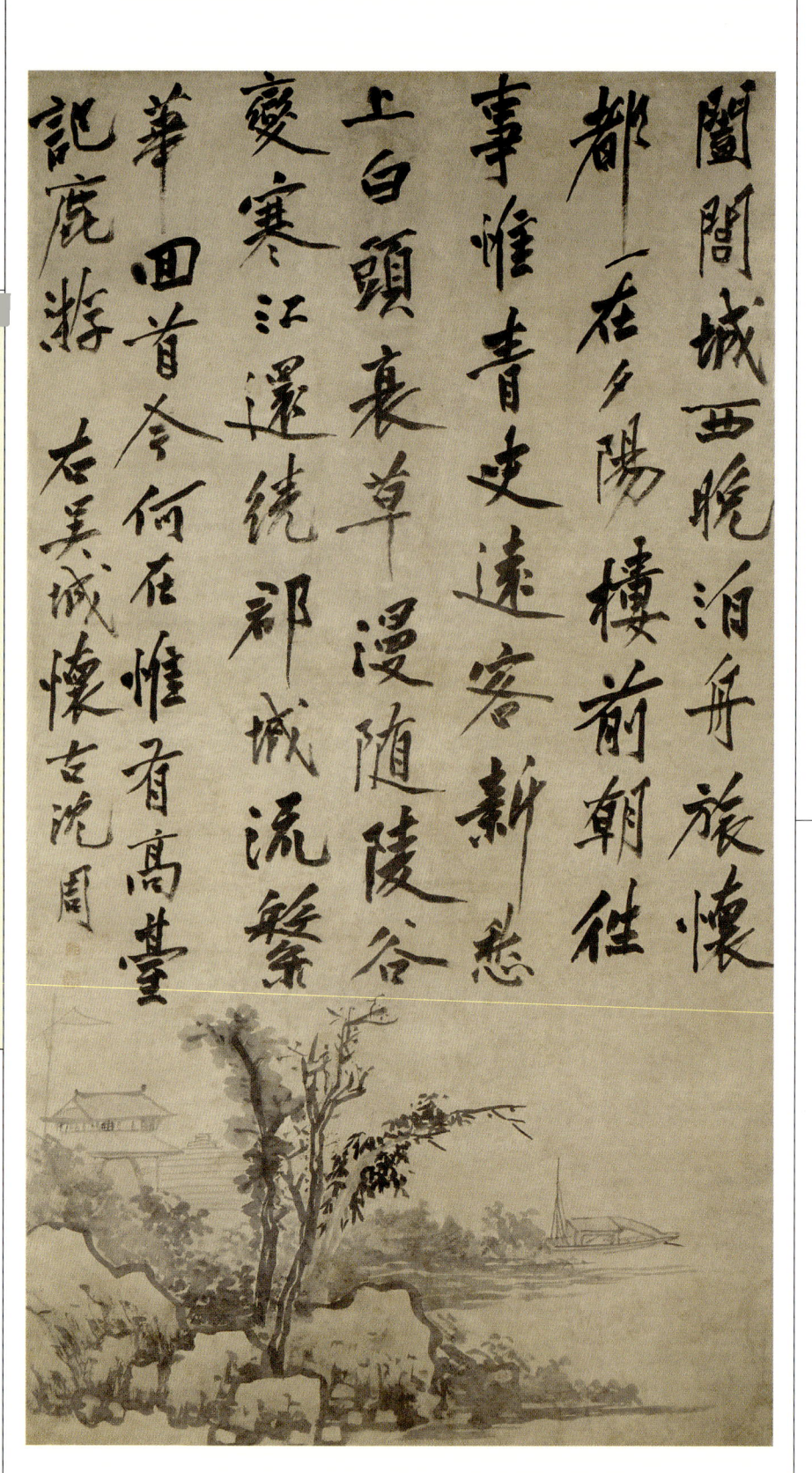

沈周　纸本水墨　纵172、横96厘米

1983年李初梨捐赠

沈周（1427～1509年），字启南，号石田、白石翁、玉田生等。江苏长洲人。明四家之首，吴门画派创始人。

本幅为水墨书画合璧大中堂。大半幅上书作者自题七律行书"阊阖城西晚泊舟，旅怀都在夕阳楼。前朝往事惟青史，远客新愁上白头。衰草漫随陵谷变，寒江还绕郡城流。繁华回首今何在，惟有高台记鹿游。"款"右《吴城怀古》，沈周"。钤朱文"启南"印及白文"白石翁"印。下半幅用水墨写意绘姑苏城外，江中泊舟一叶。书法遒劲崎岖，景色寂寥荒凉。诗书画相互呼应，相映成趣。

12. 临水宴坐图 轴
Banquet Beside the River (Hanging Scroll)

明 Ming Dynasty

沈周　绫本设色　纵159、横63厘米

1983年李初梨捐赠

沈周（1427～1509年），字启南，号石田，晚号白石翁，长洲人（今江苏苏州）。生平不应科举，专事绘画及诗文创作。书法黄庭坚，诗效苏轼、陆游。画工花卉、翎毛，尤擅山水。初法董巨，后宗黄大痴、吴镇。细笔、水墨、浅绛皆精。

本幅为设色山水，绘群山障壁之间一溪流出其中，前景一老者临水宴坐，其身后林木蓊郁。设色淡雅，意境旷远，用笔苍劲古朴，具有北宋山水气息。

画心右上沈周自题诗："匝匝深荫密树凉，苔平地净日还长。何人临水作宴坐，去此林泉便涉忙。"款"沈周"。钤"启南"朱文方印及"白石翁"白文方印。诗左有明代文学家陈霆（约1477～1550年）题诗一首。

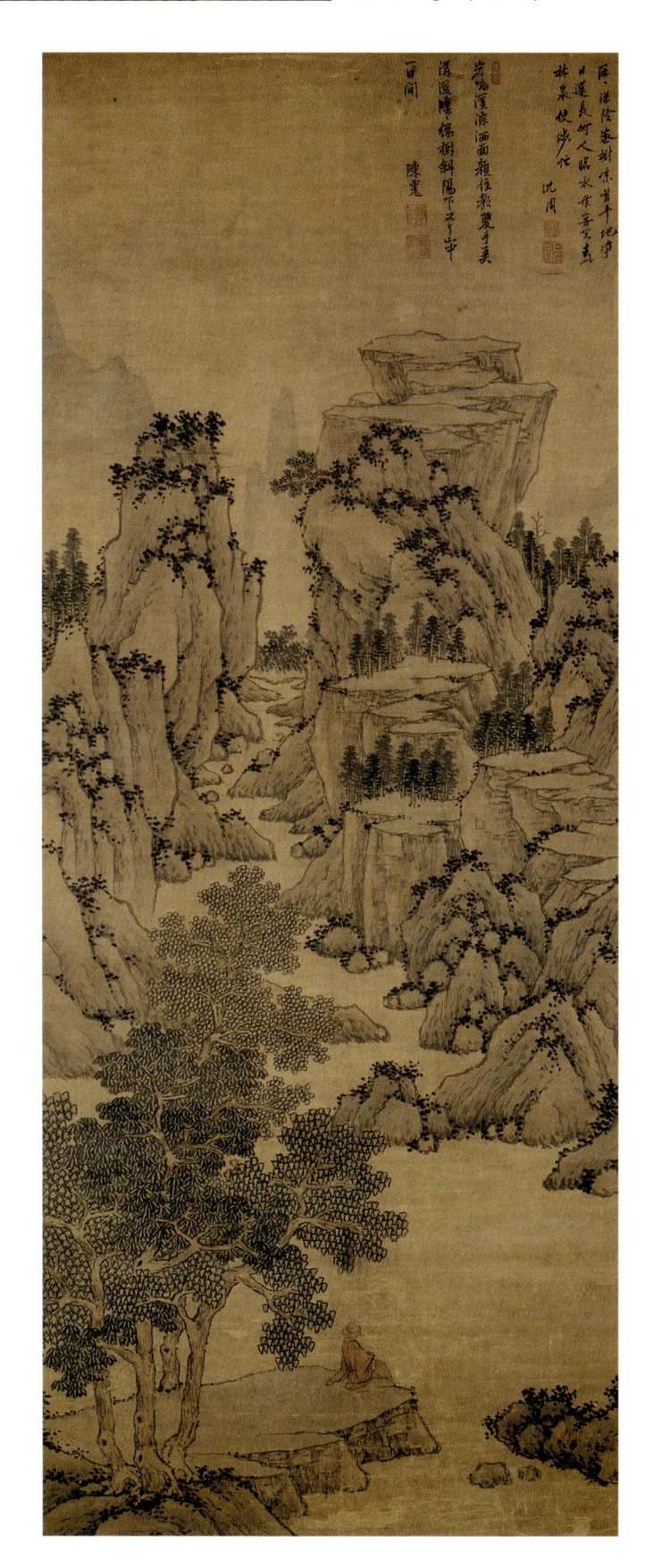

13. 万壑寒林图 卷
Forests in the Vales in Winter (Handscroll)

明 Ming Dynasty

沈周　纸本水墨　纵35、横576厘米

1951年王缵绪捐赠

此图以水墨绘粗笔山水，气势蓊郁苍劲，林木闾舍，连绵相接。是其盛年时期"放笔写寒林"

万壑寒林图之一

万壑寒林图之二

之作，墨气酣畅。惜款识已逸，惟骑缝尚有"启南"印多处。引首有赵藩题"元气淋漓"，拖尾有张敦仁、曹秉钧、赵熙、周善培、向楚等八段题跋。

万壑寒林图局部

万壑寒林图之三

万壑寒林图之四

绘画

036

葵阳图之一

绘画

037

葵阳图之二

青衣裳 长洲文徵明

君间富贵门备画栀
李东风三月亢水绣
山林乔晞挺松柏雪剑
霜戈自相倚君为相
家予富贵繁华更
无以平生不改寒士
心苦节清标殊可揽
何不妆桃李于门墙或
种葵花满居室人道
君家有奇癖三春
艳冶时既无桃李色
九秋润落餘文无松柏
菊瑶花棋树总不多
异称挡与葵相诮君
读葵花栽损夫君心
爱此葵心赤难非桃

己未岁盛夏六日画
河子马二郡书於玉汀
精舍

逢人洞至理玄览造草木谁云怪
目睫中恫脚可暴卓载晋徵士
腐鼠巍公炼潔身逢万侣东蘺
睇丛菊石家瀧西延晋陽奢天族
锦三舜江溪卓门耀华戟严名
况国宝黑发柄钧轼寨雨方九土
膏澤溪深眠平生忠孝傳達義
始己熟纱年侍青讚戴華供
翰讀乃心在
天家晨夜将祇肅願言播臣節名
孝傲帶厚有懷安酣興芳葵倸如
漢長倏昌朱萼錯采敬文毅鶚
傾曦陽故丹儀肝腹愛此閒能幾
正氣流化育桃李莞為客春風但
相遂

吴山人郯若庸

葵阳图之三

葵阳图之四

中翰李先生自称葵阳
余为作葵阳草堂图
复系以诗
种花莫种葵,叶味俱倾阳
古云问遗忠贞调
当告高人辟芳圃种葵绕
茅堂绕以葵心盖醉
兴葵相远将葵令岁叩
葵园已成行果三伏日
样流辉光耿向朱明
句待秋风凉秋食彫百
卉山叔远苹长子书楞
我葵犹是热中肠结根
奉
明主既心未降有知
柔趋中百折终不坏衡
枘任流转万辙攀扣空
为空客许奏不云天一

异哉擀与葵相诚君
谓葵花我满代君心
爱此葵心赤非徒
学松柏资志心朝之向
阿为调鼎侍
天曰思敢不自忘
若虽未必置人腹人岂
无心与草木君思移
苓以为忠葵心在共七
在百岁寒廿守松柏
摆阳春一有桃李
德心无穷葵与世灵
之与君与广葵与
今古之无窥吾君不见
古人之心不同今流
传口相续用于莲衡
公竹和靖湘明菜
红药翻前谐幽兰
寒深亦远知此物真

15. 仿倪山水图 卷
Landscape, in the Style of Ni Zan (Handscroll)

明 Ming Dynasty

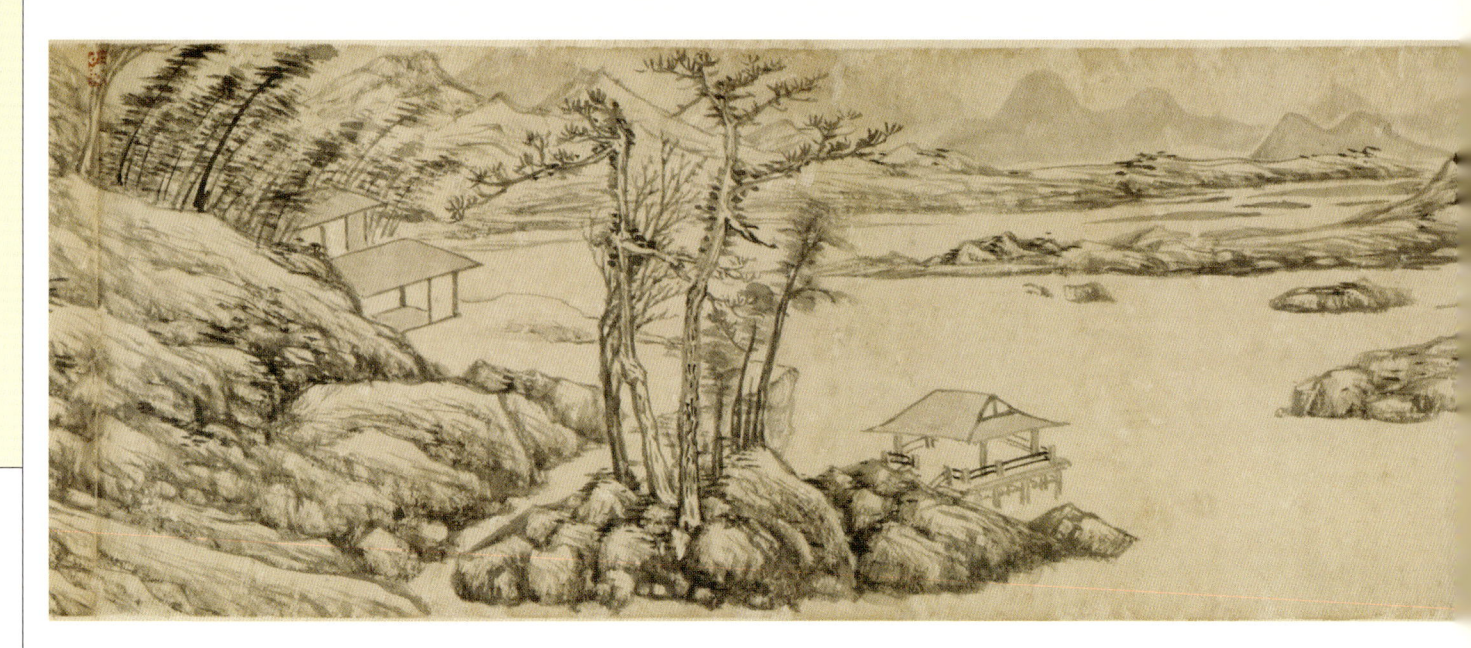

文徵明　纸本水墨　纵24.7、横498.8厘米

1951年申彦丞捐赠

此卷为水墨山水，用干笔皴擦，描写江南水乡泽园景色。层岗丘阜错行于溪涧两岸，林木蓊郁之间，有茅屋数家。溪流汇入江河，有小船荡漾其中，让人有平畴旷远的感觉。画面干净利落，得倪瓒其中三昧。画前有"高詹事"白文印，"竹窗"朱文印，卷后有高士奇题跋，为高士奇《江村消夏录》

仿倪山水图之一

仿倪山水图之二

著录，说明此件他曾经收藏。此件为作者临死前四年所作。

款识："倪元镇画本出荆关，然所作皆只尺小幅，而思致清远，无一点尘俗气。余暇日戏用其墨法衍为长卷，所谓学邯郸而失其故步也。癸丑十月十又三日徵明识。时年八十有四"。钤印："徵明"朱文连珠印。

仿倪山水图局部

仿倪山水图之三

仿倪山水图之四

绘画

16. 临韩熙载夜宴图 卷
The Night Revelry at Han Xizai's, after Gu Hongzhong (Handscroll)

明 Ming Dynasty

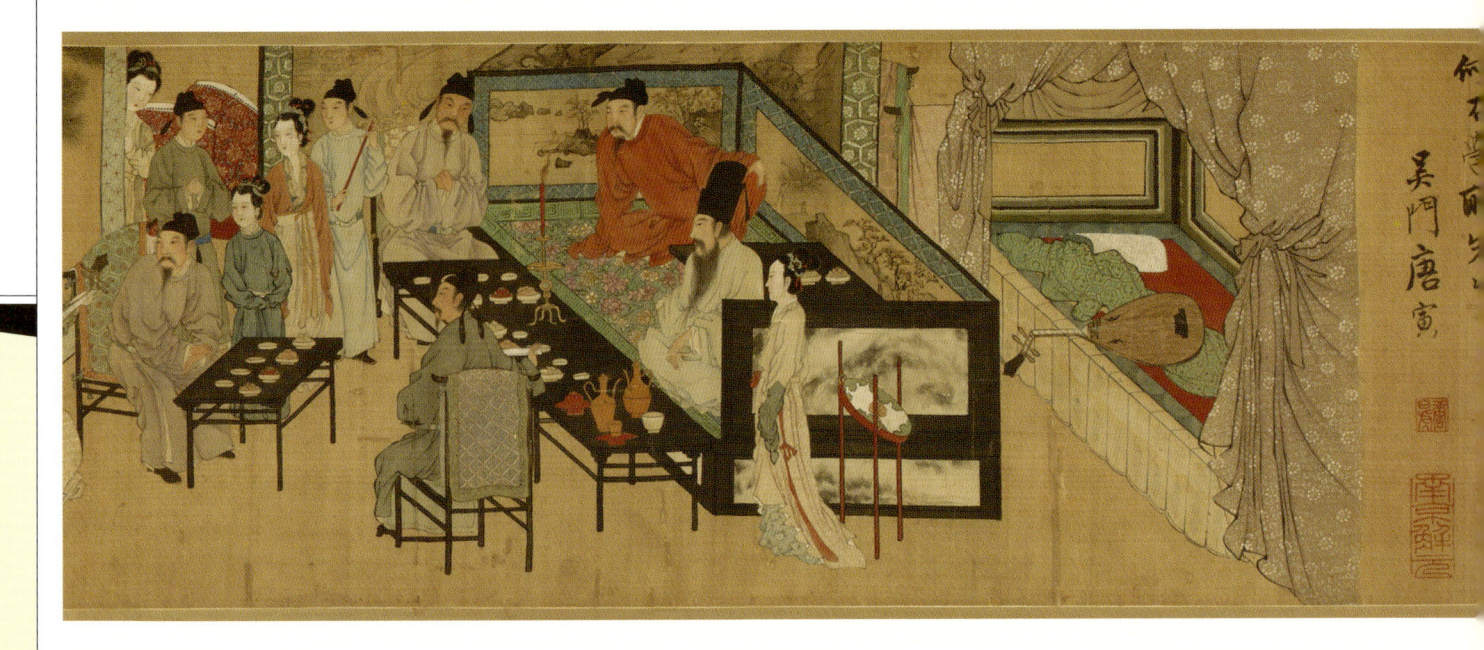

  唐寅　绢本设色　纵30.8、横547.8厘米

  1951年汪策出售

  唐寅（1470～1523年），字伯虎，一字子畏，号六如居士、桃花庵主、鲁国唐生、逃禅仙吏等，吴县（今江苏苏州）人。他玩世不恭而又才气横溢，诗文擅名，与祝允明、文徵明、徐祯卿并称"江南四才子"，画名更著，与沈周、文徵明、仇英并称"吴门四家"。

  临自五代南唐画家顾闳中所作《韩熙载夜宴图》。绢本，工笔重彩。行笔秀润缜密，又现韵度。

临韩熙载夜宴图之一

临韩熙载夜宴图之二

人物眼波流转，造型准确，概括力强，形象秀美，线条流畅，韵致风流。用色明丽浓艳，富丽堂皇。

唐寅自题七绝两首"身当钩局乏鱼羹，预给长劳借水衡。废尽千金收艳粉，如何不学耿先生。吴门唐寅"，下钤"唐白虎"朱文方印，"南京解元"朱文长方印。"梳成鸦鬓演新歌，院院烧灯拥翠娥。潇洒心情谁得似，灞桥风雪郑元和。吴郡唐寅"。下钤"唐寅私印"白文印及"六如居士"朱文印。

拌成鸦鬓演新歌院，烧
灯椎翠娥潇洒心情谁得
似灞桥风雪郑元和
吴郡唐寅

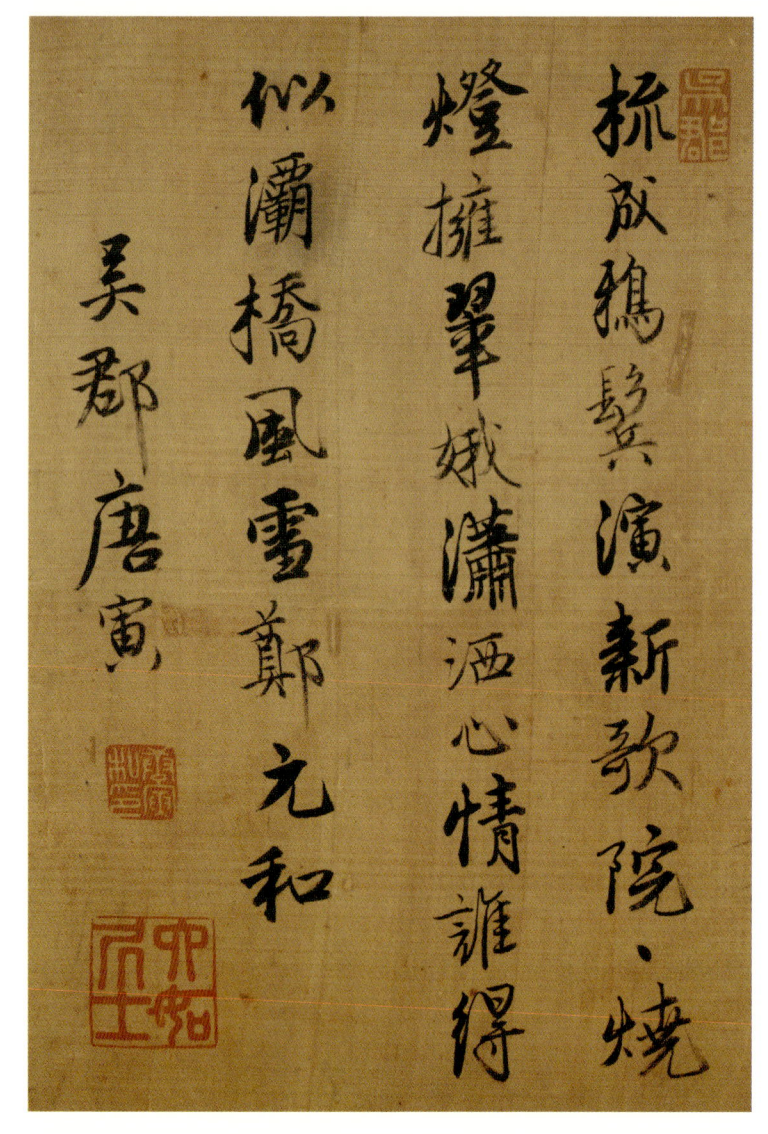

临韩熙载夜宴图局部

临韩熙载夜宴图之三

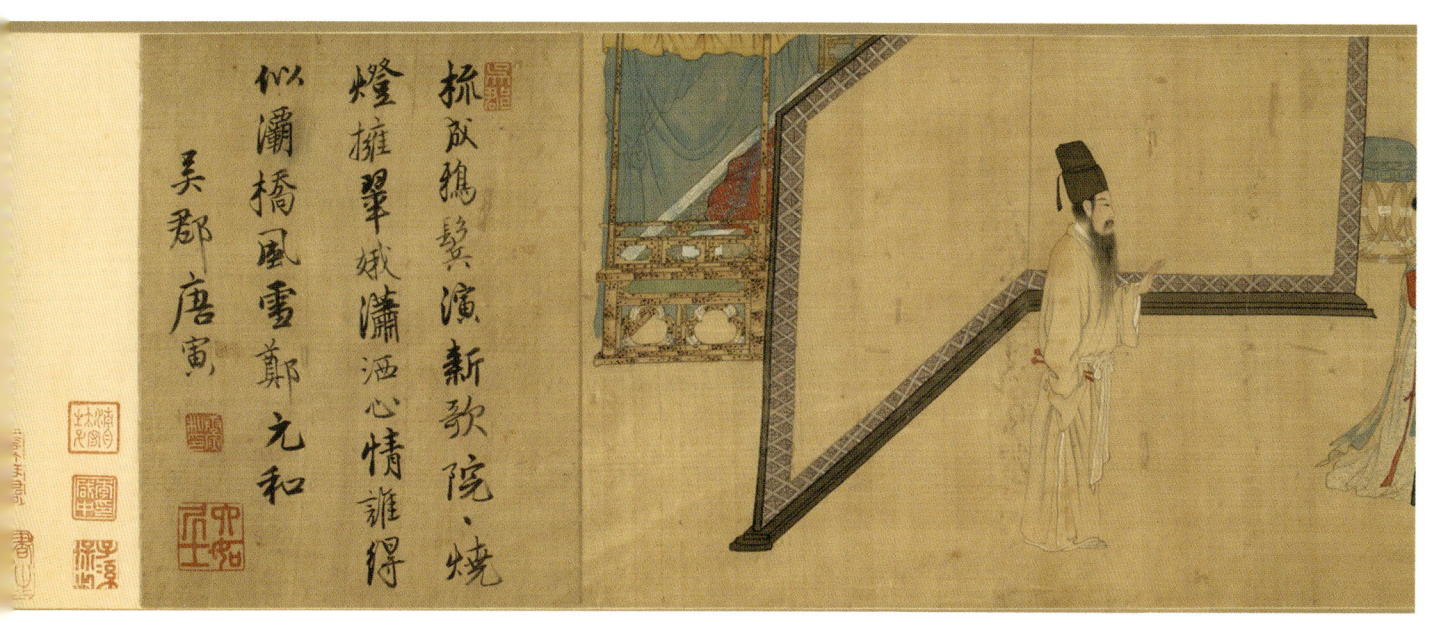

抛成鸦鬓演新歌　院、烧
灯擁翠娥瀟灑心情誰得
似瀟橋風雪鄭元和
　　吴郡唐寅

临韩熙载夜宴图之四

绘画

048

绘画

049

临韩熙载夜宴图局部

17. 寒渚秋色图 扇页
Islet in Autumn (Fan Face)

明 Ming Dynasty

文彭、文嘉等　纸本水墨　纵16.6、横49厘米

1951年王缵绪捐赠

彭年（1505～1566年），字孔嘉，号隆池，江苏苏州人。书法晋人。

文嘉（1501～1583年），字休承，号文水，江苏苏州人，文徵明仲子。山水近倪瓒，得文徵明一体。

文仲羲，字行承，疑为文徵明从子。

文彭（1498～1573年），字寿承，号三桥，文徵明长子。少承家学，篆分真行草俱佳，工刻印，后人奉为泰斗。山水苍郁似吴镇。

此扇页于泥金笺上以水墨写秋天江村景色，远山罗列，一溪经其间。近景草木葱郁，沿岸有人家傍水而居，意境幽静。有彭年、文嘉、文仲羲、文彭、查懋钦五人各题诗一首，是文氏昆仲合作的诗书画一体的难得之作。

款识："凉风下高叶，白云生翠巘。有客爱秋声，凭棋意悠远。彭年。"下钤"彭生孔嘉"白文方印。

"江草日萧萧，江云乱眼飘。无愁茅屋底，痛饮读离骚。文嘉。"下钤"休承"朱文联珠印。

"秋入高原净，西风九月天。萧条茅屋下，点检白云篇。文仲羲"。下钤"行承"朱文联珠印。

"秋色澄寒渚，秋山映白云。遥知无一事，独自想玄文。文彭"。下钤"寿承"朱文联珠印。

"山障孤云白，天垂四野青。悬向问奇客，相过草云亭。查懋钦"。

18. 花卉图 册（八开）
Flowers and Plants (Album, Octavo)

明 Ming Dynasty

花卉图之一

绘画

051

　　陈淳　绢本水墨设色　纵31、横53厘米

　　1954年重庆妇联移交

　　陈淳（1483～1544年），字道复，后以字行，更字复甫，号白阳，又号白阳山人。江苏苏州人。能诗文，擅书法，尤精绘画。与徐渭并称"青藤白阳"。师从文徵明，乃其门下声誉最高。擅长写意花卉，能自成一家。

　　本册为陈淳写意花卉的精品，其中五开淡墨，三开设色。水墨生动雅洁，设色素净有味。笔墨运转之间草木花卉各得其意趣。

　　每帧署款"道复"或"陈道复"。钤"复父氏"、"白阳山人"白文印。

花卉图之二

花卉图之三

花卉图之四

花卉图之五

花卉图之六

花卉图之七

花卉图之八

19. 辛夷花图 轴
Magnolia Flowers (Hanging Scroll)

明 Ming Dynasty

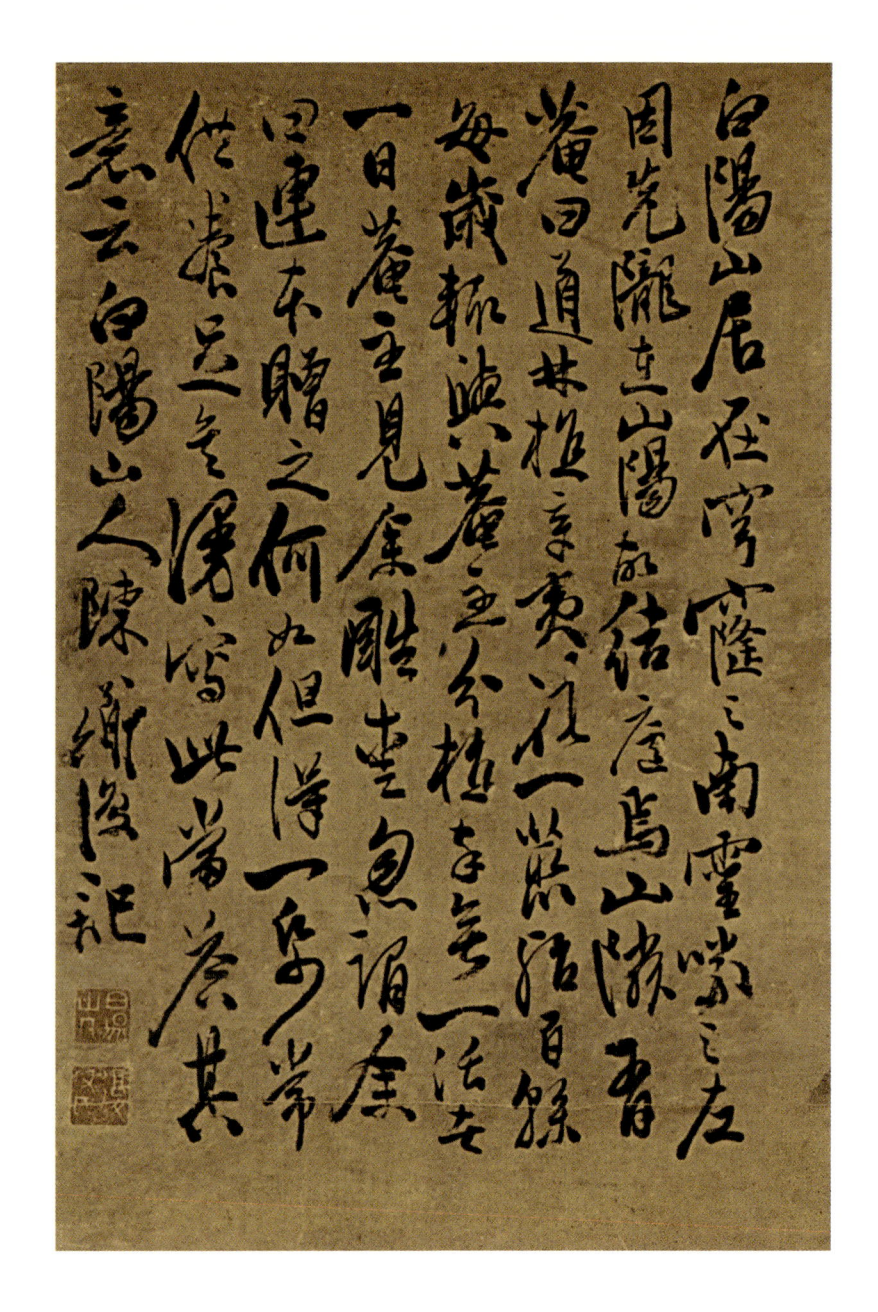

陈淳　纸本水墨　纵113、横58厘米

1954年重庆市文化局移交

以淡墨点染辛夷花枝叶纷披，繁华胜蕊之态。纯以没骨笔法，仅以中锋勾出叶脉花枝，生趣盎然。

有作者题记一段，款识"白阳山人陈道复记"。下钤"白阳山人"及"道复氏"白文印。

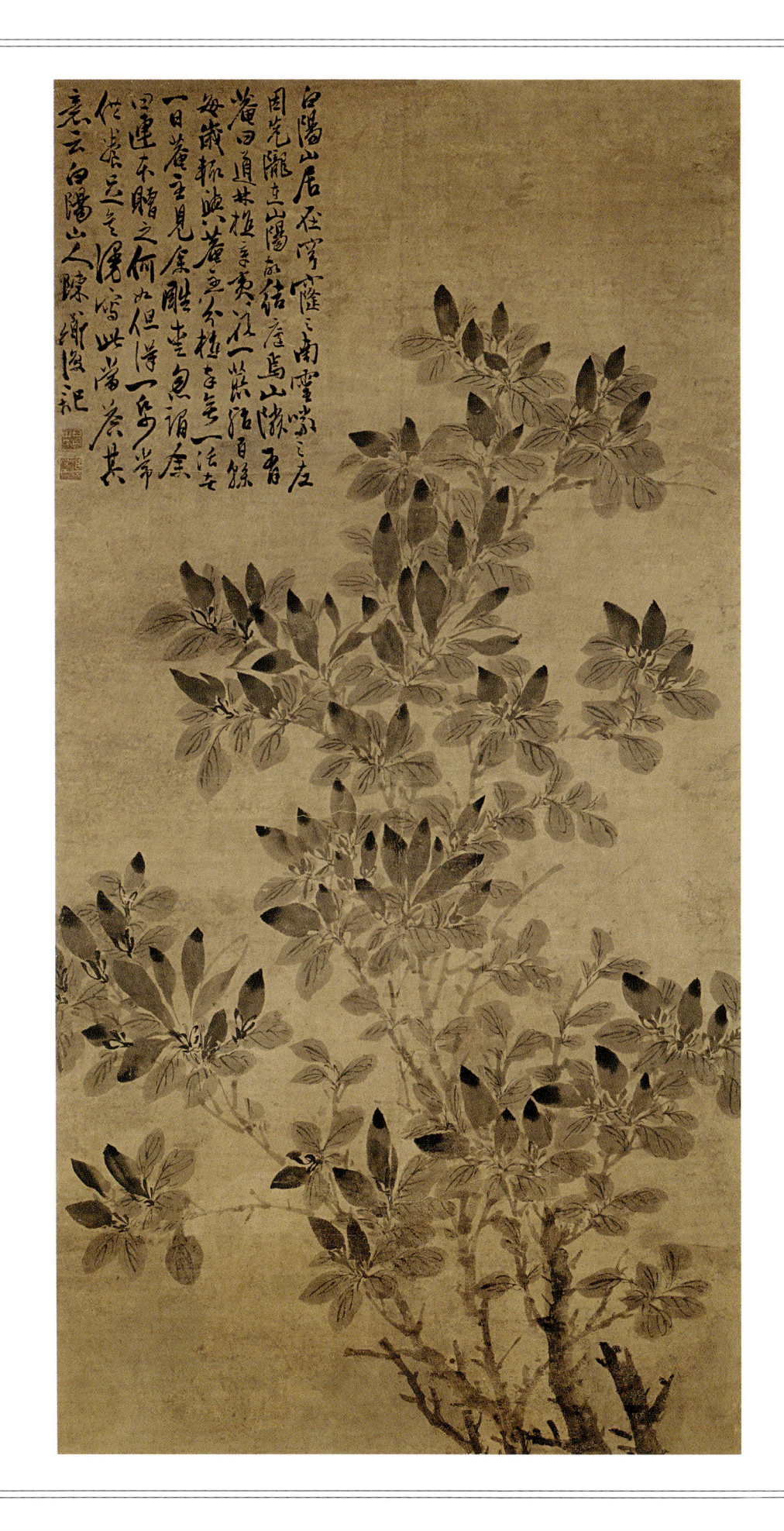

白阳山居在穹窿之南靈巌之左
周荒蘢立山陽麻結蘆爲山陰吾
嘗日逍其栖辛夷一株沼沼餘
每歲轍放花無分枝幸無一花老
一日蘆主見余既喜且谓曰庵
田連木贍之何如但得一鳥常
佐長兄言渓實此當廣其
底云白陽山人陳湻俊記

20. 玫瑰图 扇页
Roses (Fan Face)

明 Ming Dynasty

　　陈栝　纸本水墨　纵17.5、横48厘米

　　1951年王缵绪捐赠

　　陈栝，字子正，号沱江，长洲人。陈淳之子。善画花卉，从乃父风范，粗笔写意。

　　以淡墨绘没骨玫瑰花一枝，墨色晕染深浅适当，用笔较陈淳尤为疏放。

　　款识：癸丑夏日陈栝写意。钤印："大姚"白文方印。

21. 黄鹤楼图 轴
Huang He Lou (Hanging Scroll)

明 Ming Dynasty

谢时臣　绢本设色　纵205、横93厘米

1983年李初梨捐赠

谢时臣（1488～？年），号樗仙，吴人，擅山水，得沈周意而稍变。笔势纵横，设色浅淡，人物点缀，极其潇洒。能作屏障大幅，吸收了戴进、吴伟的浙派风格。

尺幅宏大，设色绘黄鹤楼。苍林环抱的黄鹤楼与汉口城门隔江相望。江上水汽蒸腾，有数只帆船往来，江楼中两名游人凭栏言笑。近处城门之下，几处房屋又现市井生活场景。于宏大气势中见精细法。作者用披麻皴绘江南山水，得沈周遗法。笔墨豪放，淋漓滋润。

题识：黄鹤楼，樗仙述景。钤印一为"口臣印"，另一模糊不辨。

22. 山涧古藤图 轴
Wisteria, River and House in Mountain (Hanging Scroll)

明 Ming Dynasty

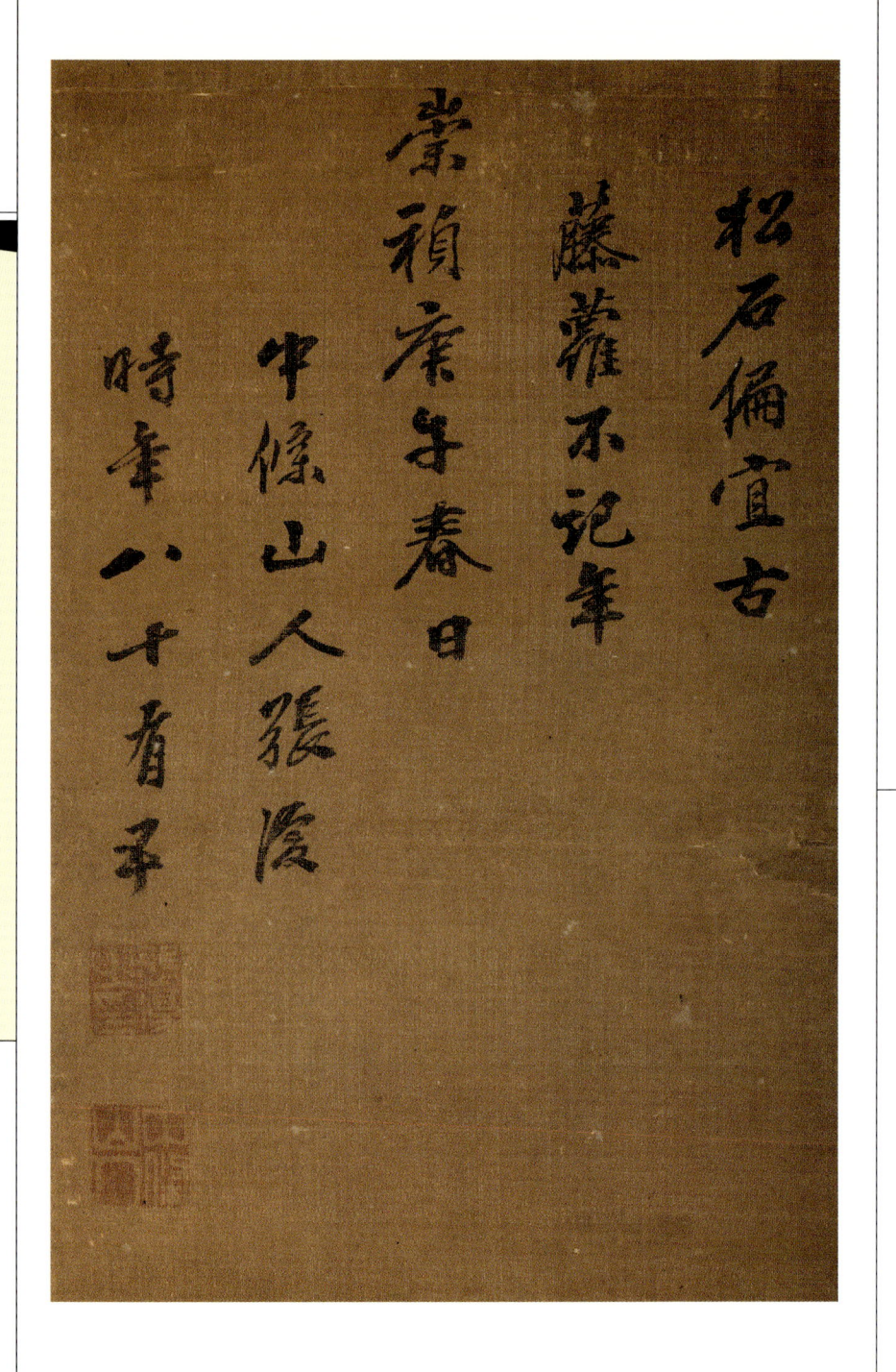

张复 绢本设色 纵207、横93厘米

1951年王缵绪捐赠

张复（1546～？年），字元春，号苓石，一字复初。太仓人。为钱毂弟子。山水初以沈周为宗，晚年稍变己意，自成一家。

以水墨勾画山水树木，惟房屋树干略施浅绛。描绘两山之间，瀑布飞泻，溪径曲折环绕奔流而下。两岸房屋间出，小桥横卧。近景左侧有一老者携童子眺望山色。远山云雾环绕，布局高远。近处老松古藤，意境幽深。

款识："松石偏宜古，藤萝不纪年。崇祯庚子春日，中条山人张复，时年八十有五"。钤印："张复之印"、"中条山人"白文方印。

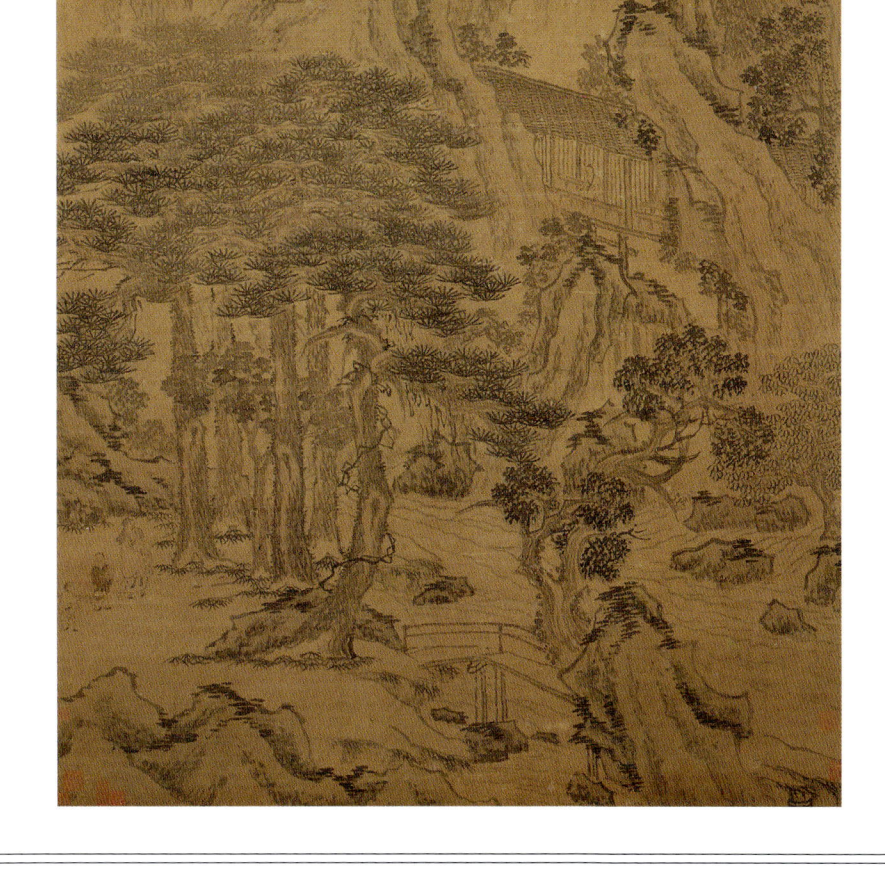

松石偏宜古
葐蒀不記年
樂秋庚子春日
中條山人張澂
時年八十有五

24. 虎丘看月图 轴
Enjoying the Moon on Huqiu (Hanging Scroll)

明 Ming Dynasty

张宏　纸本设色　纵112、横32.5厘米

1983年李初梨捐赠

此轴为浅绛山水，描绘前景石阶之上，密林荫蔽之下两士人与一僧举头望月，旁有两僮捧盘、酒壶侍立，远景一塔掩映林木间。笔法润泽，山石皴染结合，宛然天成。

款识："适有客持罄室翁同风洲中丞虎丘看月图，余爱而摹之，殊愧无毫末相似。时己巳夏月张宏纪"。钤印："张宏"、"君度氏"白文方印。

25. 拟高克恭山水图 轴
Landscape in the Style of Gao Kegong's (Hanging Scroll)

明 Ming Dynasty

董其昌　纸本水墨　纵130、横49厘米

1951年申彦丞捐赠

董其昌（1555～1636年），字玄宰，号思白，华亭人。万历进士，授编修。书法超越诸家，独得神妙。画集宋元诸家之长，而与黄公望、倪瓒更为接近，为华亭派的主要代表，是明代晚期大家。

此图以米家笔法画高克恭山水，拙中带秀，平淡天真，得山水苍润秀丽之气。此件为董其昌七十一岁时为项子章所作。

款识："乙丑九月三十日，舟次青阳江，观高彦敬尚书山水，拟之。玄宰为孔彰词丈"。钤印：白文"董其昌印"、"玄宰"印。

26. 云山小隐图 卷
Hermitage in Mountain Far Away (Handscroll)

明 Ming Dynasty

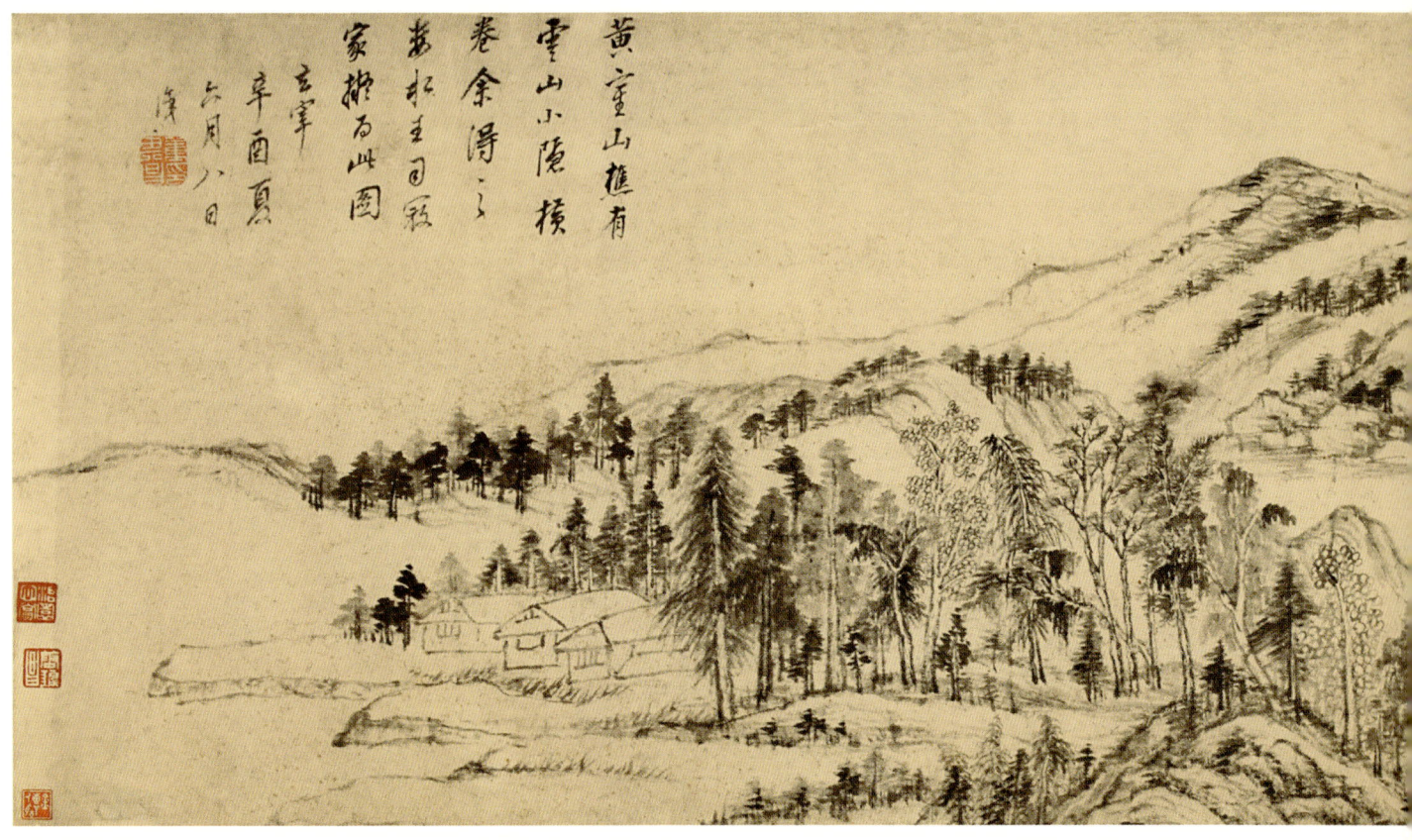

黄鹤山樵有
云山小隐横
卷余得之
数林主司寇
家携归此图
玄宰
辛酉夏
六月八日

绘画

067

董其昌　纸本水墨　纵30、横159厘米

1951年原西南文教部拨交

以水墨写江南夏天山水景色，山石多以渴笔皴擦，又以浓墨点林木显繁茂态。大段留白见烟波浩渺平远之态。为董其昌六十七岁时所作。

款识："黄鹤山樵有云山小隐横卷，余得之娄水王司寇家，拟为此图。玄宰，辛酉夏六月八日识"。钤印："董其昌印"白文方印。

27. 雪山萧寺图 轴
Quiet Temple on Snowy Mountain (Hanging Scroll)

明 Ming Dynasty

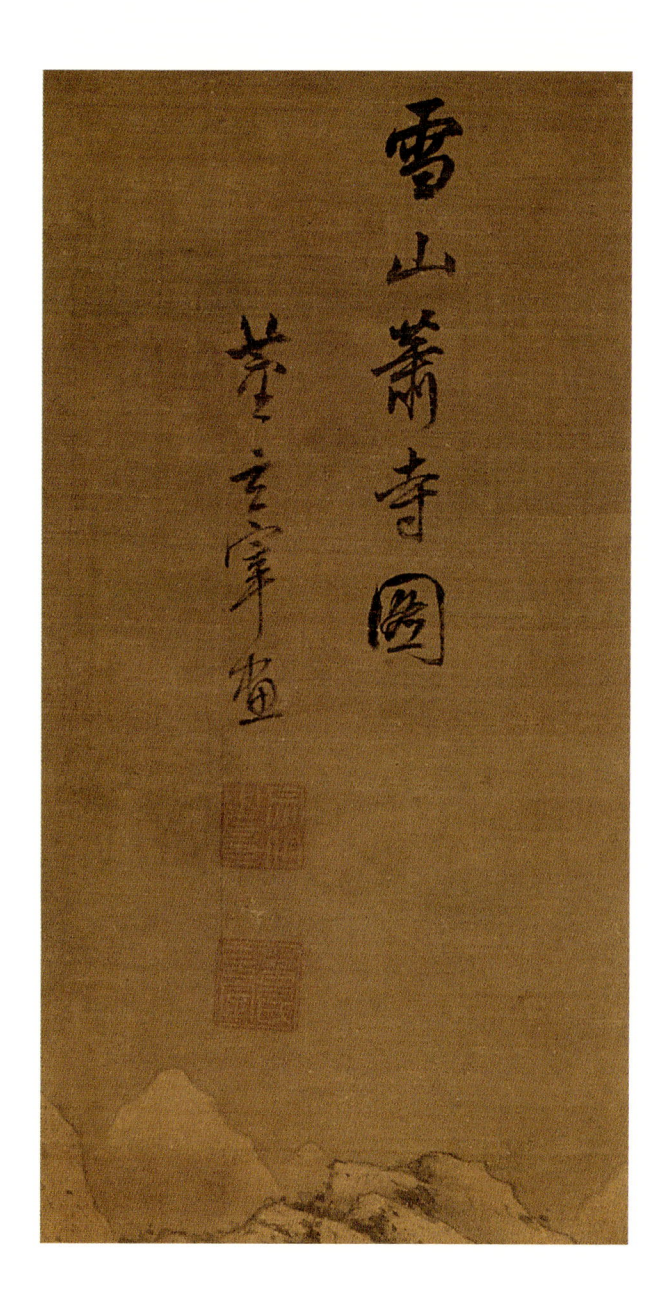

董其昌 绢本设色 纵116.5、横50.5厘米

1983年李初梨捐赠

浅绛设色，对角线构图。远处高山峻岩中微露萧寺一角，中景一江分隔两岸，近景于对角线处山石上发枯木数丛。杳无人迹，显得格外萧条荒凉。

题识：雪山萧寺图。董玄宰画。钤印："宗伯之印"、"董氏玄宰"白文方印。

雪山萧寺图

28. 桃源图 卷
Fairy Land of Peach (Handscroll)

明 Ming Dynasty

宋旭　绢本设色　纵26.3、横384厘米

1953年西南军政委员会文教部移交

宋旭（1525～1606年），字初旸，号石门、石门山人。后为僧，法名祖玄，又号天池发僧、景西居士。嘉兴（今浙江嘉兴）人。为"苏松画派"的先声。博宗内外典，通禅理。善山水，兼长人物。万历间名重海内。师沈周，学有师承，故出笔迥不犹人。其山头树木，苍劲古拙，巨幅

桃源图之一

桃源图之二

大幛，颇有气势。

图为青绿敷彩，用笔秀润，设色雅丽，布局平远。于云雾环绕中落英缤纷，于群山峻岭间豁然开朗。此画作于1580年。

款识："吕心文避世长林中，余以此卷归之。万历庚辰春日宋旭识"。钤印：朱文"初易"方印，白文"石门居士"方印及"檇李宋旭"朱白合镌印。

绘画

072

吕心文避世长林中余以此
卷赠之
万历庚辰春日宋旭识

桃源图局部

桃源图之三

桃源图局部

绘画

29. 孤棹垂钓图 轴
Fishing in Boat Alone (Hanging Scroll)

明 Ming Dynasty

赵左　纸本水墨　纵72、横38厘米

1951年王缵绪捐赠

赵左（1573～1644年），字文度，华亭人。师从宋旭，其画宗董源而兼有倪瓒、黄公望之意。为董其昌代笔之一。创苏松派。

以水墨写夏日云山，远山淡墨皴擦而出，下有涧潭，一老者在船上垂钓。景色幽静，林木温润，犹如雨过云散情景。

款识："庚申夏日，赵左"。钤印："赵左"白文印。

30. 秋菊图 轴
Chrysanthemums (Hanging Scroll)

明 Ming Dynasty

孙克弘　纸本设色　纵153、横37厘米

1983年李初梨捐赠

孙克弘（1533～1611年），字允执，号雪居，上海市松江人。书法米芾，画擅花鸟、山水、兰竹，亦多作佛造像。山水学马远、米芾，花鸟师沈周、陆治，笔墨简练，生趣盎然。

设色绘独石菊花，衬以丛草。花草皆以墨笔为之，奇石以赭石、石绿略染，侧锋微皴。此画作于万历十一年（1583年）。

款识："癸未秋日，雪居弘写"。钤印："两千石长"朱文方印、"孙允执"白文方印。

31. 乱山秋色图 卷
Autumn Scenery over Mountains (Handscroll)　　明 Ming Dynasty

夕陽明亂山秋色滿空翠沘筆點芙蓉織之欲誰寄

功甫題

绘画

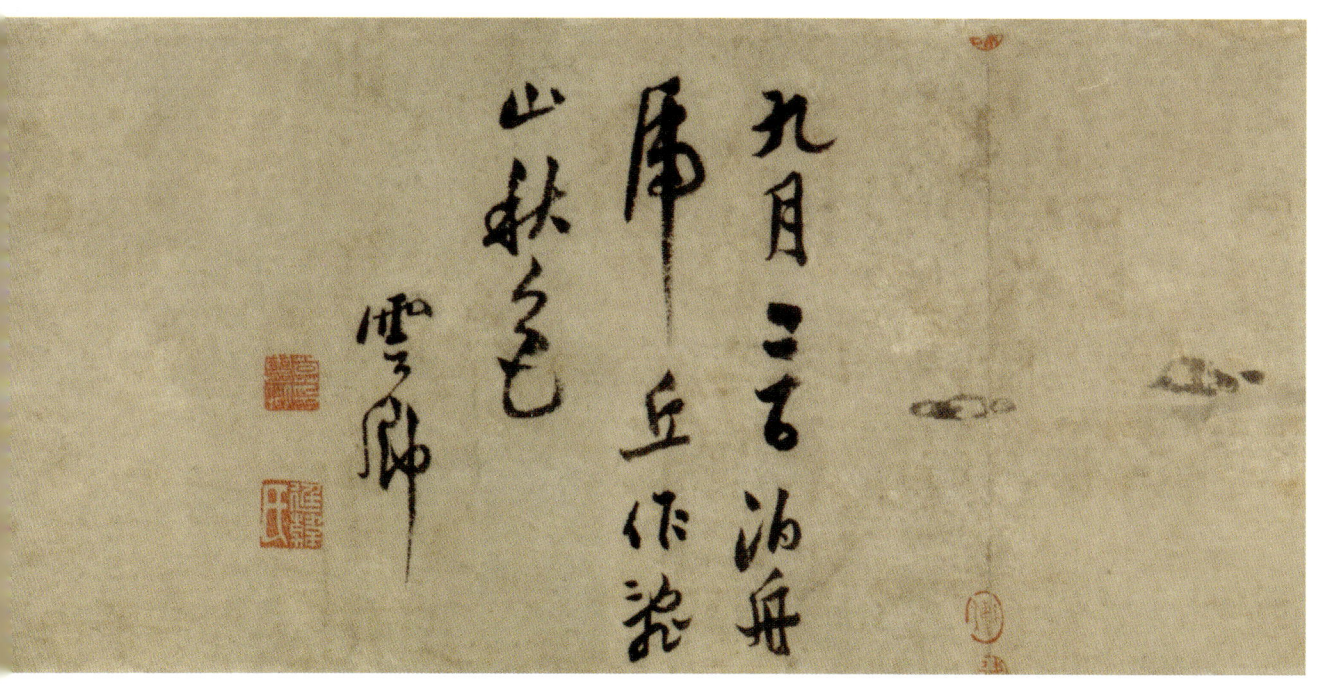

莫是龙　纸本水墨　纵17、横128厘米

1951年王缵绪捐赠

莫是龙（？～1587年），字云卿，更字廷韩，号秋水，又号后明，华亭人。十岁能文，长善书画。

此卷为书画合一。前卷以水墨干笔描绘虎丘的秋天景色，笔墨简练，而意境极其深远，是文人画的代表作。图后有莫是龙行草书五岳诗。

款识：图款"九月三日泊舟虎丘，作乱山秋色。云卿"，书款"云卿书于石秀斋"。钤印："莫云卿印"及"廷翰氏"白文方印。

32. 济川图 卷
For Mr. Shen Jichuan (Handscroll)

明 Ming Dynasty

吴振　绢本设色　纵26、横183厘米

1951年王缵绪捐赠

吴振，字振之，号竹屿，又号雪鸿，华亭人。山水秀润，法黄公望，为董其昌所赏识，为董其昌代笔之一。

此图为明人屠弘谟请作者为邑侯沈济川所绘，描绘当地秀丽风光。山光水色间一叶扁舟乱流以济。工整细腻，敷色明丽，布局平远。引首有董其昌题"济川图"，拖尾亦有董氏"万历壬寅（1602年）新秋前二日"题跋一段，见于其《画禅室随笔》一书。

款识："壬寅六月吴振写"。
钤印："吴振"朱文印。

33. 水村消夏图 轴
Summer Resort in the Village Beside River (Hanging Scroll)

明 Ming Dynasty

卞文瑜　纸本水墨　纵102.5、横46厘米

1951年王缵绪捐赠

卞文瑜（约1576～1665年），字润甫，号浮白、萝庵，长洲人。善山水、树石勾剔，甚有笔意。尝从董其昌讲求笔法，为"画中九友"之一。

以水墨绘重山叠峦，树木荫深景色，笔墨苍润。远山以淡墨解索、披麻轻皴之，佐以细密的浓墨点苔显示山林的繁茂。近景水岸边林木幽深中房屋掩映，描绘出夏日水村的清凉景色。

款识："甲午长夏写似，子佑词宗正。卞文瑜"。钤印："文瑜"朱文方印，"润甫"白文方印。

34. 仙岩春色图 轴
Spring Scenery over the Rocks of Immortal (Hanging Scroll)

明 Ming Dynasty

蒋蔼　绢本设色　纵141、横45厘米

1951年申彦丞捐赠

蒋蔼（1621～1644年），字志和，华亭人。善画山水，师沈士充，苍劲多用渴笔。

设色浅绛山水，描绘高山深谷之中，瀑布飞泉奔注涧底，苍松翠柏掩映其上。笔墨细致，用笔秀劲，云雾蒸腾，布局高远。

款识："仙岩春色。辛丑菊月写，蒋蔼"。钤印：白文"蒋蔼之印"，朱文"志和"方印。

35. 墨竹图 轴
Ink Bamboos (Hanging Scroll)

明 Ming Dynasty

赵备 纸本水墨 纵332、横102厘米

1951年曾禹卿捐赠

赵备，字湘南，一字湘兰。浙江宁波人。万历末官中舍。善于写竹，纵横雄逸，迥出一世。

此轴为整纸绘水墨竹石巨幅，石用拖泥带水皴，竹干雄浑，叶反侧向背各具风姿。

款识："赵备"。钤印："自在居士"白文印。

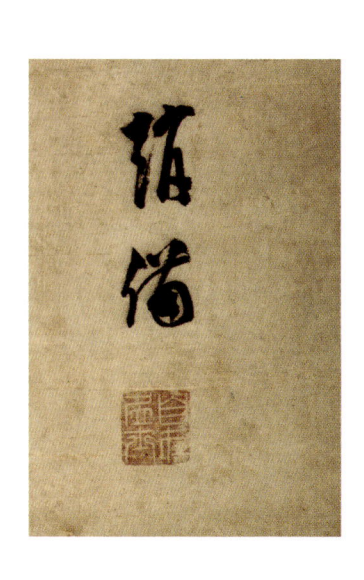

36. 逍遥曳杖图 轴
Wandering About at Leisure with A Staff (Hanging Scroll)

明 Ming Dynasty

曹羲　纸本设色　纵219、横96厘米

曹羲（明画录名作曦），号罗浮，长洲（今江苏苏州）人，寓武林（今杭州）。人物、山水笔墨秀洁，能以气韵擅胜。仿宋、元画逼真，但未脱院体。

画远山巍峨，飞瀑其间，近写高林幽远，一高士曳杖其中，徐徐归矣。意境清幽，用色简淡。布局疏密有致。山石的皴法多用拖泥带水皴，是典型的明代院体浙派作品。此图作于辛未年，应为崇祯四年（1631年）。

款识：作者自题诗"洞门瑶草叠春烟，曳杖逍遥别有天。满阁松风声谡谡，坐看千丈落红泉。辛未孟春既望，右吴曹羲"。钤印："子虚"白文方印，"曹羲之印"朱文方印。

37. 江湖寓适图 卷
Landscape (Handscroll)

明 Ming Dynasty

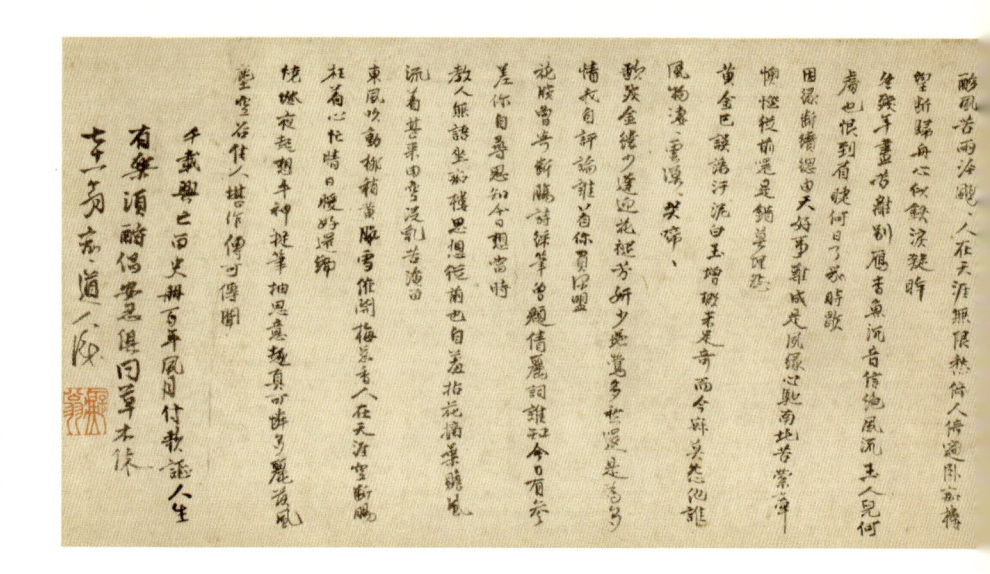

史忠 纸本墨笔 纵28、横104.1厘米

1964年购买于成都

史忠（1438～？年），本姓徐，名端本，字廷直。十七岁方能言，外呆内慧，人以痴呼之，因号痴翁，又称痴仙，又号痴痴道人，金陵（今南京）人。善画，似方从义，长于云山图，潇洒不群。其山水树石，纵笔挥写，不拘家数。兼善人物、花木、竹石，亦有奇趣。

水墨山水，写湖山烟雨朦胧景色，意境高简，笔墨极其生动，得米家山水的笔意。图后又书《江湖寓适图序》及《商调·金菊香》十首，书画合卷，是作者得意之作。此卷作于正德二年（1507年），时年七十岁。

款识："正德二年，岁在丁卯，九月望，痴道人书于扬之大缺丁氏之寓也""七十一翁痴道

绘 画

085

人识"。钤印：画心右下角钤朱文"痴翁"印。题记引首钤"臣痴楼"，款后有朱文"史廷直书画印"、"痴翁"印。

38. 秋林策杖图 轴
Walking in the Forest with a Staff in Autumn (Hanging Scroll)

明 Ming Dynasty

张祐　绢本设色　纵131、横55.5厘米

1983年李初梨捐赠

张祐，字天吉，凤阳人。天顺二年封爵袭隆平侯。师从王谦学画墨梅，较之王谦苍劲幽逸、咄咄逼人。

浅绛淡设色山水，描绘层峦苍树，水光山色，意境幽淡恬静，布局深远，墨色浓郁。山水多以湿笔淡墨皴解索皴。近景水岸坡石则浓墨点皴，显水边林木幽静之态。

款识："晓送春光涨翠微，高崖苍树白云飞。丘林正好棲烟月，却有山翁策杖归。辛亥仲春画并题于且闲斋中"。钤印："张祐之印"白文方印，"自天氏"朱文方印。引首"意在笔先"朱文方印，"盘沚山房"朱文方印。

39. 听松图 轴
Listening to the Whispering Pines (Hanging Scroll)

明 Ming Dynasty

程嘉燧　纸本设色　纵148、横19厘米

1983年李初梨捐赠

程嘉燧（1565～1643年），字孟阳，号松圆、偈庵。善画山水，兼工写生。山水学倪瓒、黄公望，"画中九友"之一。

浅绛设色，绘古松下一老者坐听松涛起伏，怡然自适。老人面部及松干上微施绛色。笔墨明净工细，布局简洁明快。

款识："松圆道人笔"。钤印："孟阳"朱文方印。

40. 翠绿千重图 卷
Bamboos
明 Ming Dynasty

朱鹭 纸本水墨 纵41.5、横788厘米

1951年王缵绪捐赠

朱鹭（1553～1632年），初名家栋，字白民，自称西空老人。吴县人。工古文辞，兼写墨竹，书画皆工，深得文同、吴镇之旨。

此卷描绘推窗竹，枝叶横斜，

翠绿千重图之一

翠绿千重图之二

墨韵流转,有苍润之气。拖尾有作者题记一段,画面有苏端明、释大居、释智舷等题跋四段。

款识:"髯道人戏墨""朱鹭"。钤印:"白民""朱鹭私印"白文印,"三钥真人"白文印。

绘画

绘画

翠绿千重图之三

翠绿千重图之四

41. 洛神图 卷
Goddess of the River Luo (Handscroll)

明 Ming Dynasty

丁云鹏　纸本水墨　纵22.8、横120厘米

1951年王缵绪捐赠

丁云鹏，字南羽，号圣华居士。休宁人。书法钟王，画善白描人物，山水、佛像无不精妙。白描酷似李公麟。

白描洛神凌波冉冉而行，衣裙迎风飘举，回首含睇之态。作品为丁云鹏的典型风格。从前后收藏鉴赏印考察，知为高士奇、朱之赤等名家收藏。前后题字者共计十九人。

款识："己酉泊舟枫桥，为非菲丽人写，云鹏"。钤印："云鹏"、"南羽"朱文印。

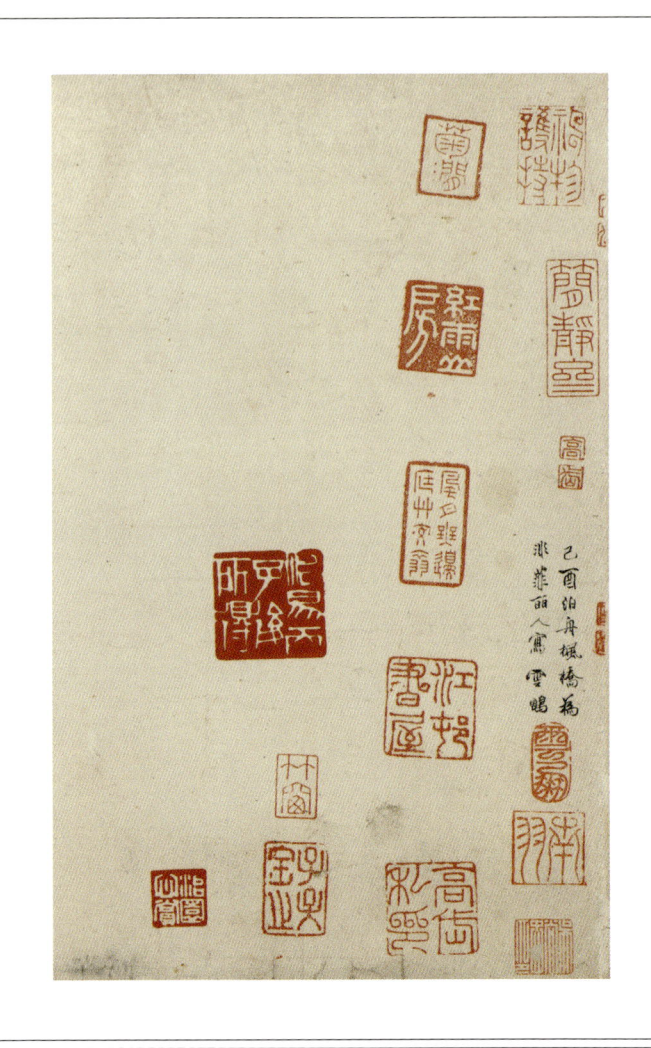

绘 画

093

42. 三教圣人图 轴
Sages of the Three Religions(Confucianism, Buddhism, Taoism) (Hanging Scroll)

明 Ming Dynasty

  王彬　绢本设色　纵123、横49.5厘米
  1951年购买于成都
  王彬（1567～1620年），工山水。
  此图以绢本绘设色人物：释迦摩尼、老聃、孔丘像。象征释儒道三教合一。衬以松石，配景古雅恬静。
  款识："王彬"。钤印："王彬之印"白文印，另一印字迹不辨。

43. 摹王右丞山水图 轴
Copied after Landscape by Wang Youcheng (Hanging Scroll)

明 Ming Dynasty

  蓝瑛　绢本设色　纵46、横30厘米

  1956年重庆市文化局拨交

  蓝瑛（1585～1664年），字田叔，号蝶叟，晚号石头陀、山公、东郭老农、西湖外史等。钱塘人。工书善画，长于山水、花鸟、梅竹，尤以山水著名。师从沈周而宗宋元，画风多变，力追古法又融会贯通，自成风范，被后人称为"武林派"。画史称"浙派殿军"。对明末清初绘画影响很大，陈洪绶及金陵八家均受其影响。

  浅绛细笔山水，为作者早期作品。用笔细润。

  款识："蓝瑛摹王右丞画"。钤印："蓝瑛"白文印、"田叔"朱文印。

44. 湖芜高逸图 轴
Noble Scholar of Huwu (Hanging Scroll)

明 Ming Dynasty

蓝瑛　绢本设色　纵73、横28.5厘米

1953年财政部物资拍卖局拨交

设色绘湖山水色，为蓝瑛中年作品。湖边山峦起伏，乱石丛生，红叶点缀其间，一派深秋景色。湖中一高士坐于船头眺望山光水色。笔触工细秀润，笔笔入古，色调艳丽。

款识：作者自题名"湖芜高逸"，自书七律一首"秋水瀰瀰接天碧，高原古树醉如客。短蓬复往中流闲，清啸烟波奇字得。法李成并题。西湖外史蓝瑛"。钤印："蓝瑛私印"白文印、"田叔"朱文印。

45. 疏林远岫图 轴
Thin Forest and Hill Far Away (Hanging Scroll)

明 Ming Dynasty

蓝瑛　绢本水墨　纵174、横47厘米

1951年王缵绪捐赠

此图用笔苍劲古朴，多用斧劈皴，不失浙派大家笔法。布局疏散有致，空灵恬静，颇得倪云林意境。

款识："疏林远岫。倪高士书法。蜨叟蓝瑛"。钤印："蓝瑛之印"、"田叔"朱文印。

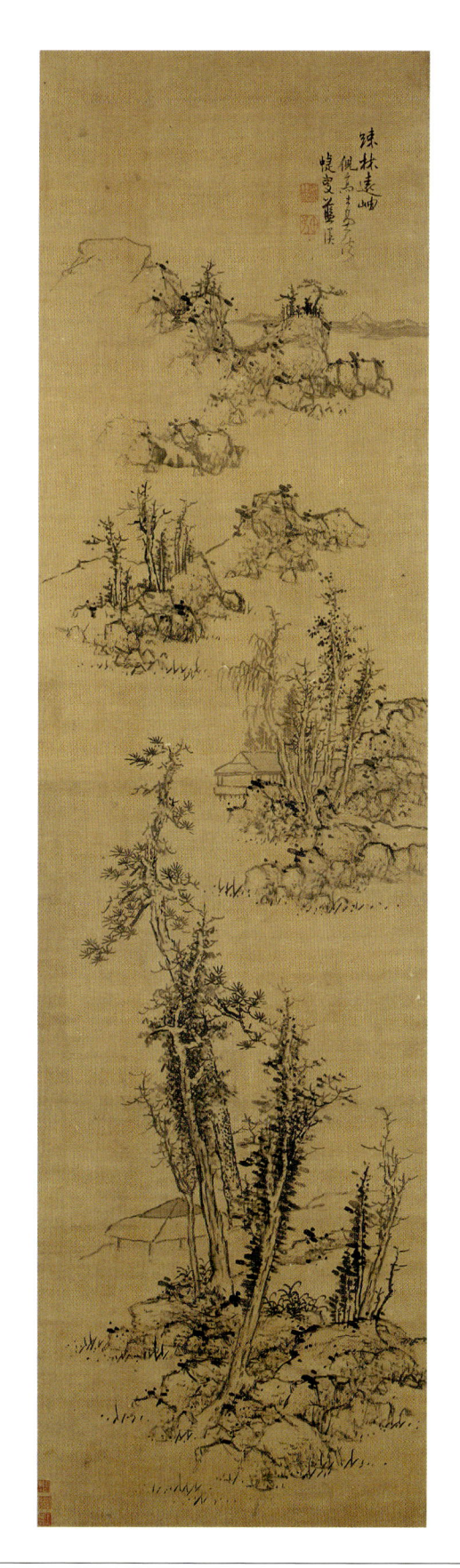

47. 晞发图 轴
Drying Hair (Hanging Scroll)

明 Ming Dynasty

陈洪绶　纸本设色　纵105、横58厘米

1951年购买于成都

本轴为设色人物，描绘古人洗发、晞发情景。人物形象奇古，线条沉着劲练，奇傲古拙。

款识："晞发图，老迟洪绶画于静者轩"。钤印："陈洪绶印"白文印，"章侯"朱文印。

48. 江天远行图 扇页
Going on a Long Journey (Fan Face)

明 Ming Dynasty

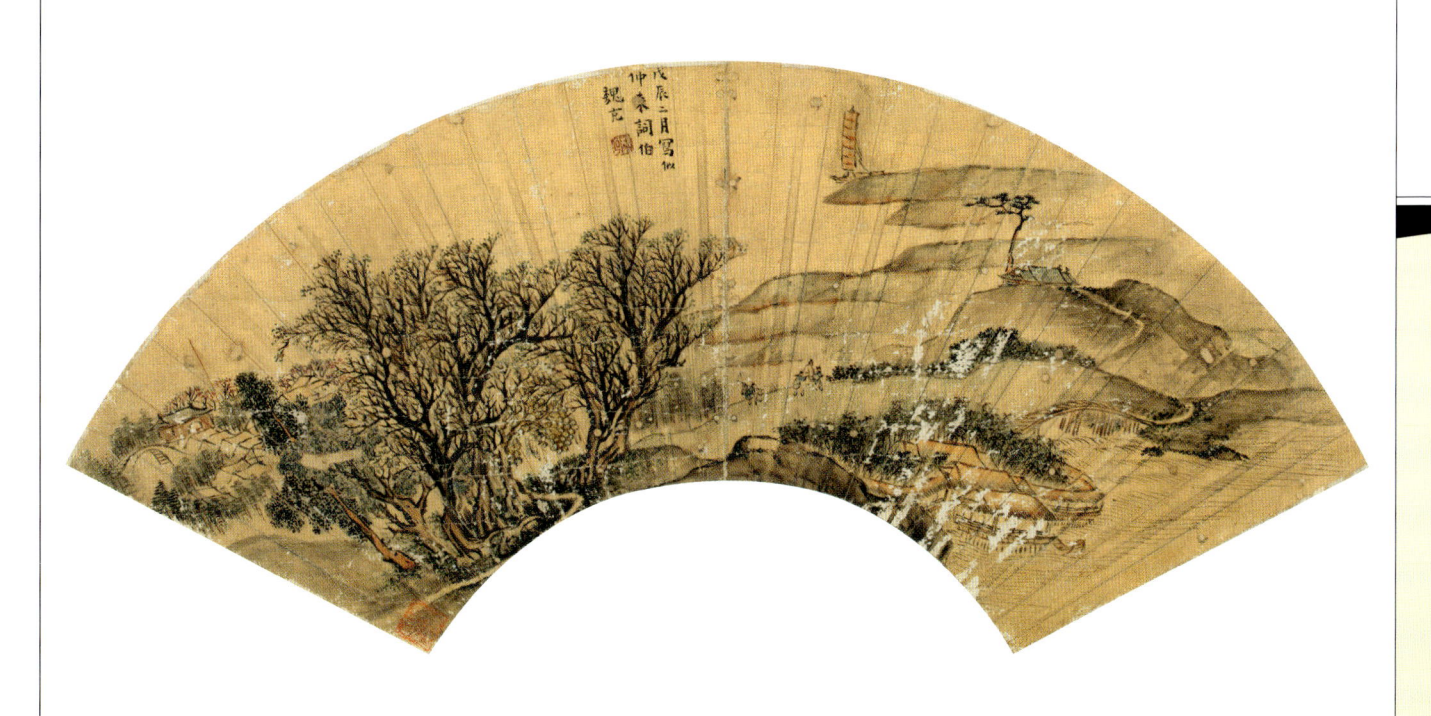

魏克　泥金笺设色　纵17.2、横54厘米

1951年申彦丞捐赠

魏克（16～17世纪），原名魏之克，字和叔，金陵人，魏之璜（1568～1647年）弟。工诗，善山水，追宗宋元。

此图描绘江南田野景色。设色淡雅，笔法劲健，布局平远，意境幽深。

款识："戊辰二月写似仲□词伯，魏克"。钤印："魏克"白文印。

51. 寒鸦雪石图 扇页
Crows on Snowy Stones (Fan Face)

明 Ming Dynasty

王崇简　纸本水墨　纵16.7、横50.4厘米

1951年王缵绪捐赠

王崇简（1602～1678年），字敬哉，宛平人。明崇祯进士，工画。山水追宗米芾，构图命笔不落窠臼。

此图淡墨描绘冬季雪景，山石

枯树上立寒鸦三只,神态各异。构图简洁,笔法恬静,意境苍凉孤寂。

款识:"暑甚,偶作寒鸦雪石呈苍老门翁一粲,弟崇简"。钤印:"崇简"朱文印。

52. 花鸟图 卷
Flowers and Birds (Handscroll)

明 Ming Dynasty

绘画

106

李因　绫本水墨　纵35、横384厘米
1983年李初梨捐赠

李因（1610~1685年），字今生，号是庵、龛山逸史。钱塘人，光禄寺少卿葛征奇妾。善墨笔山水、花鸟。画得陈淳法，多用水墨。

以水墨没骨法写四季花卉，燕

花鸟图之一

花鸟图之二

绘画

107

子文鸟绶带等姿态各异的禽鸟穿插其间。笔法娴熟，墨色富于变化，给人以细腻清新、舒展灵动之感。

款识："丙辰初夏海昌女史李因画"。钤印：朱文"李因之印"，白文"是庵"方印，引首"画禅"椭圆印。

花鸟图局部

花鸟图之三

丙辰初夏海昌女史李因画

绘画

花鸟图局部

55. 乔松柱石图 轴
Pines and Pillar Stones (Hanging Scroll)

明 Ming Dynasty

胡靖　纸本水墨　纵167、横80.5厘米

1983年李初梨捐赠

胡靖，字献卿，后为僧，名澄雪，自称澄雪道人，福建南平人。武夷山志载僧海靖即胡献卿。博学能诗，尤善书画。尝泛海至琉球，揽岛屿风景，绘为图志，刻画精工。

画写水墨松石。浓墨重笔，笔法苍劲，纵横有力，写山石树干多侧锋。树干苍老虬节，气势雄浑。

款识："乔松柱石。己酉秋月寿日写祝子俊大词宗华证。种松道者靖"。钤印：朱文"莲庵海靖"、白文"般若园庵主"，引首白文"种松皆作老龙鳞"。

56. 仿米云山图 轴
Clouds and Mountains in the Style of the Mis' (Hanging Scroll)

清 Qing Dynasty

王时敏　纸本水墨　纵62、横38厘米

1983年李初梨捐赠

王时敏（1592～1680年），字逊之，号烟客、西庐老人等。江苏太仓人。出身明代官宦之家，家藏历代法书名画甚多，反复观摩，并得董其昌等人指点。擅山水，专师黄公望，笔墨含蓄，苍润松秀。清六家中王翚、吴历及其孙王原祁均得其亲授。

此轴仿米家云山，水色晕染，烟雨弥漫。通幅使用米点皴，多水墨，少勾勒，烘托出云雾迷蒙的清新景色。

款识："戏仿米家山，西庐老人"。钤印：白文"王时敏印"，朱文"烟客"印。

59. 仿元人山水图 轴
Landscape in the Style of Yuan Dyansty (Hanging Scroll)

清 Qing Dynasty

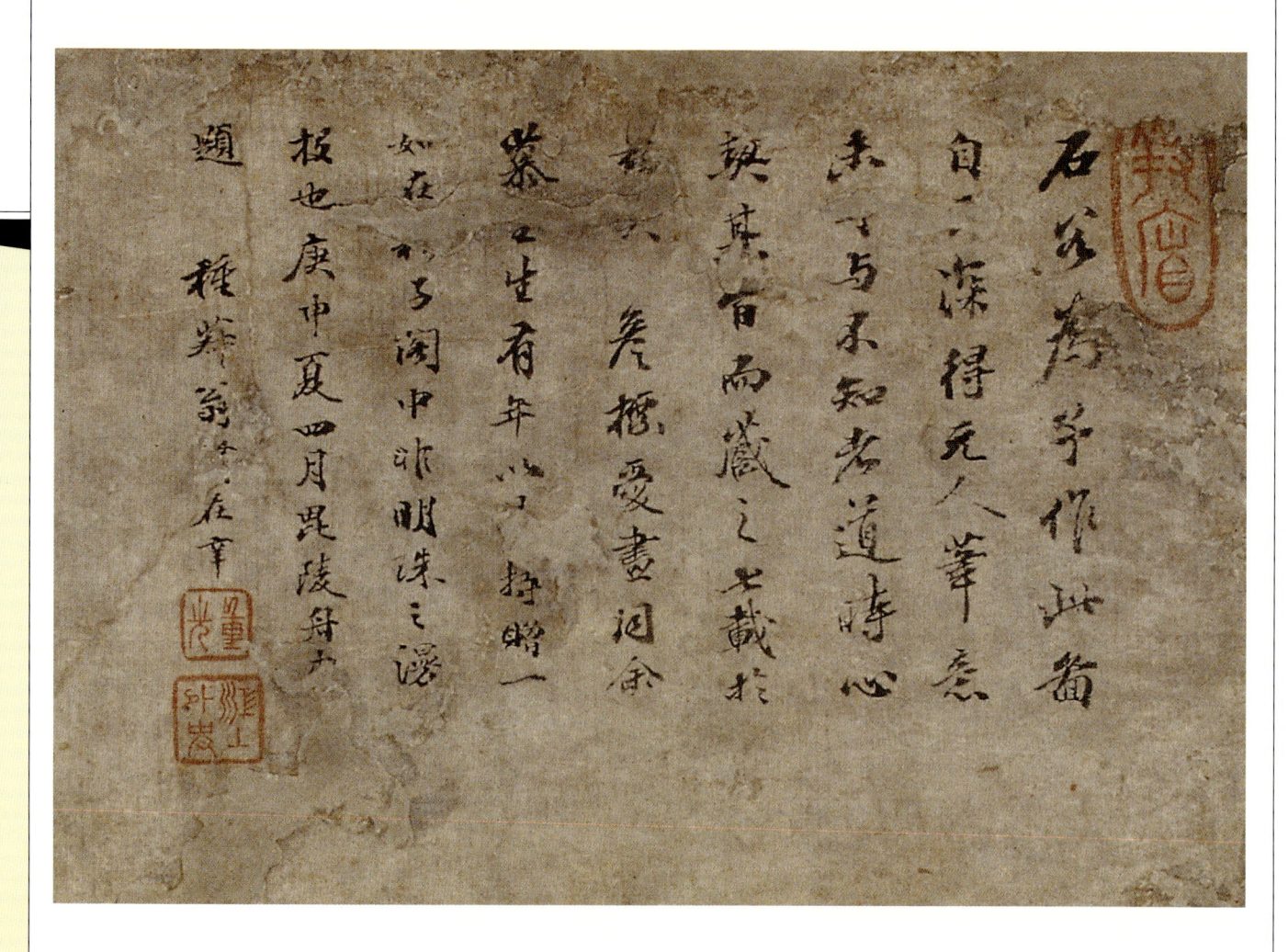

王翚　纸本水墨　纵178、横47厘米

1954年重庆市妇联移交

王翚（1632～1717年），字石谷，号耕烟散人、剑门樵客、乌目山人等。江苏常熟人。工山水，为清初四王之一，有清初画圣之称。其宗学者形成"虞山派"。

此图于1673年王翚为其好友书画家笪重光（1623～1692年）所作。描绘奇峰飞泉，寒林亭舍，一高士立于桥上悠然观瀑。整幅以渴笔淡墨皴擦，布局高远，雅致有元人笔意。

题跋："石谷为予作此图，自云深得元人笔意，未可与不知者道。时心契其旨而藏之七载于兹矣。彦标爱画同余，慕王生有年。以口持赠，一如在口子阁中，非明珠之漫投也。庚申夏四月昆陵舟中题。种菽翁笪在辛"。钤印：朱文"重光"、"江上外史"印。

绘画

60. 扁舟图 卷
Boating (Handscroll)

清 Qing Dynasty

王原祁　纸本设色　纵40、横74厘米

1951年王缵绪捐赠

王原祁（1642～1715年），字茂京，号麓台、石师道人。江苏太仓人。王时敏孙，以画供奉内廷。擅画山水，继承家法，学元四家，以黄公望为宗。清六家之一。其追随者甚多，形成"娄东派"。

本幅为青绿山水，绘湖山之间扁舟一叶，描绘了文人退隐生活的理想情景。用笔沉着，干笔皴擦赋色，墨色交融，给人以山林蓊郁之感。画面开阔干净，层次分明。引首为万经隶书题名"扁舟图"，拖尾有题跋三十七段。

款识："己丑清和仿松雪写扁舟图奉送退山老先生年兄南还。并题二绝句：铁网珊瑚竟未收，宁亲泖上一扁舟。绿蓑也做莱衣舞，三鳣堂前苜蓿秋。拂袖东归泛具区，白鸥浩荡未嫌孤。芦花深处从君宿，一任风吹过五湖"。钤印：白文"王原祁印"、"麓台"朱文印。

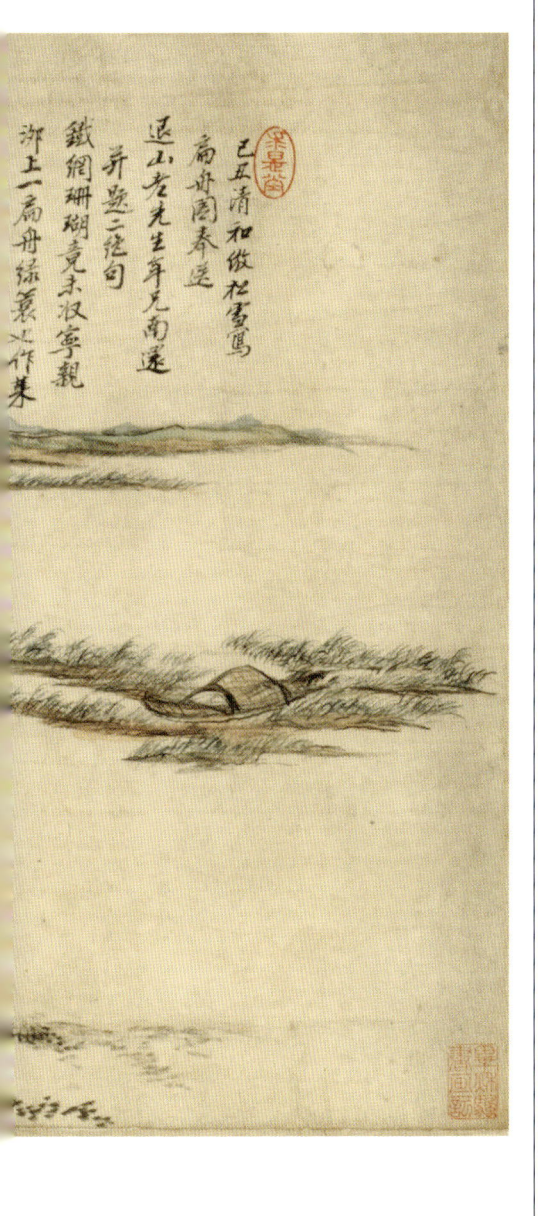

扁舟图

退山亭長兄先生命題
南東吳昌禹

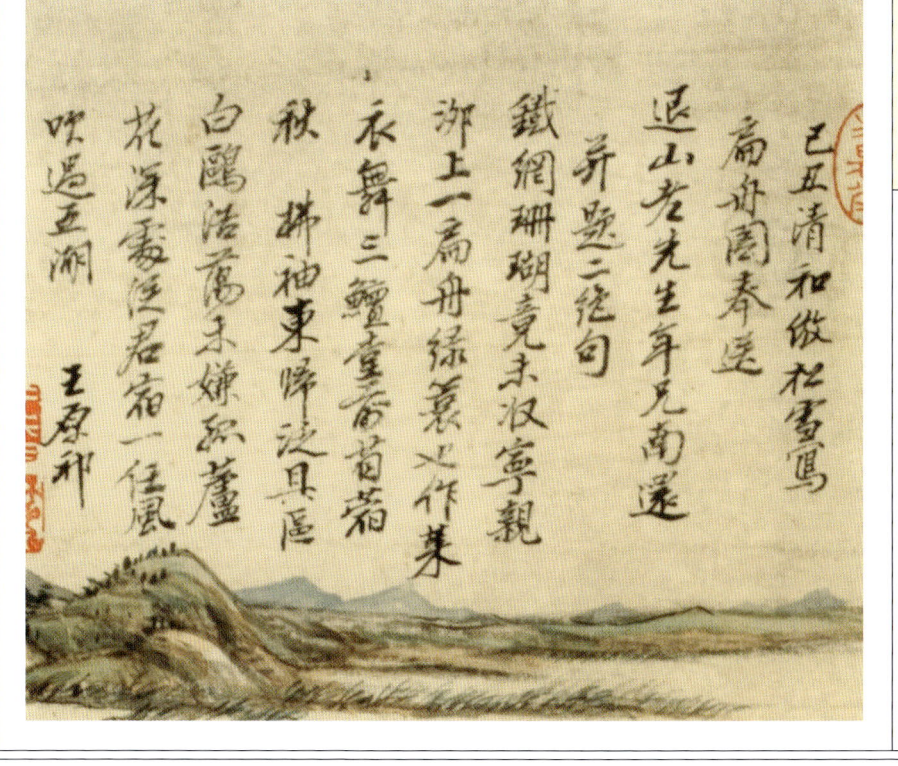

己丑清和倣松雪寫
扁舟圖奉送
退山老先生年兄南還
并題二絶句
鐵網珊瑚竟未收寧親
郎上一扁舟綠蓑衣作伴
秋 拂袖東歸渡具區
衣舞三鱣堂畫菖蒲
白鷗浩蕩無人識蘆
花深處隔君宿一任風
吹過五湖
王原祁

61. 山水图 轴
Landscape (Hanging Scroll)

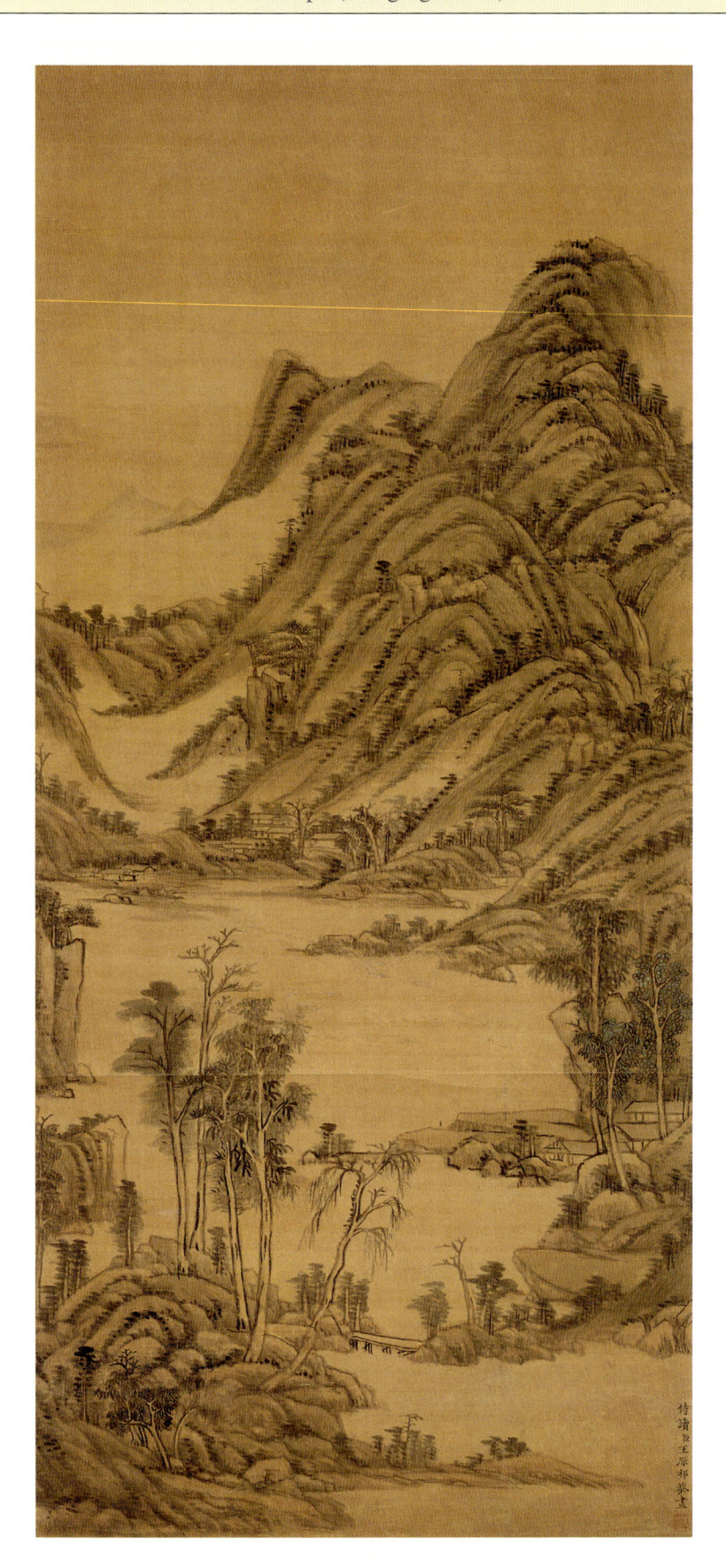

清 Qing Dynasty

侍讀臣王原祁恭畫

王原祁　绢本设色　纵101、横46厘米

1983年李初梨捐赠

本图为臣字款，当是王原祁供奉内廷之作。绢本浅绛设色，坡石树干施浅绛，点叶以绿，色中有墨，墨中有色。写山石用披麻皴，山头用矾头点子。

款识："侍读臣王原祁恭画"。钤印：朱白文"臣原祁"。

62. 苍虬翠壁图 轴
Dark Trees and Green Cliff (Hanging Scroll)

清 Qing Dynasty

恽寿平 纸本设色 纵171、横73厘米

1983年李初梨捐赠

恽寿平（1633～1690年），初名格，字寿平，以字行，又字正叔，别号南田，一号白云外史、云溪史、东园客、巢枫客、草衣生、横山樵者。江苏武进人。早年向伯父恽向学画山水，取法元代王蒙、黄公望、倪瓒，并上溯董源、巨然。中年以后转为以画花卉禽虫为主，创造仿北宋徐崇嗣的没骨花卉画法。其山水画亦有很高成就，以神韵、情趣取胜，与"四王"、吴历并称"清初六大家"，创常州派。

此图以浅绛写山石、枝干，浓墨点苔，尖毫勾皴，高旷清淡。松针以墨笔为之，远浅近深，清楚明白，疏朗苍秀。整幅作品笔法娴熟、布局奇肆，堪称佳作。

款识："苍虬苍壁。丁卯秋日戏图，白云外史寿平"。钤印：白文"恽寿平印"、朱文"正叔"。

63. 芦岸牧牛图 轴
Tending Buffalo along the Reeds Bank (Hanging Scroll)

清 Qing Dynasty

杨晋　纸本设色　纵80、横29厘米

1951年王缵绪捐赠

杨晋（1644～1728年），字子和，一字子鹤，号西亭，常熟人。工山水、人物、写真、花鸟，尤善画牛。虞山派的佼佼者，常为王翚代笔。

此图以水墨勾绘山水林木人物轮廓，唯在山水与人物面部淡设色。构图简洁淡雅，人物造型生动，写牛细笔勾皴，体毛逼真。

款识："黄芦苇，白苹洲，蓼花秋，水落沙平好放牛。雨初收，野调慵，吹短笛，闲情自狎浮鸥。日斜归去屋西头，月如钩。右春光好一阕，谷林樵客杨晋"。钤印："杨晋之印"白文印，"谷林樵客"朱文印。

64. 泉光云影图 轴
Cloudy Mountain Scenery (Hanging Scroll)

清 Qing Dynasty

唐岱 纸本水墨 纵114、横56.5厘米

1951年王缵绪捐赠

唐岱（1673～？年），字毓东，号静岩，满洲正白旗人，官内务府总管，以画祗侯内廷。工山水，王原祁弟子，康熙曾赐"画状元"。为娄东派中的院体画家。

本图以浓墨湿笔作米家山水。雨后云山，烟雾迷蒙，为江南夏秋景色。笔墨沉厚深稳，得宋元意。

款识："泉光云影，翠绿空濛。是无声诗，岂让杜翁。己酉九秋拟米海岳笔法，静岩唐岱"。钤印：朱文"古唐括氏"印、白文"岱字毓东"印。

68. 仿元山水春色图 扇页
Spring Scenery in the Style of Yuan Dynasty (Fan Face)

清 Qing Dynasty

董邦达　纸本水墨　纵16、横51厘米

1952年于重庆购买

董邦达（1699～1769年），字孚存，一字非闻，号东山，浙江富阳人。善书，长于山水。山水宗元人，多用枯笔，气势磅礴。娄东派主要画家之一。

扇面绘初春小景，枯木临流，弱柳吐绿。淡墨枯笔，用笔轻柔，皴法松秀，极富文人情趣。

款识："乾隆岁之癸亥春三月既往拟元人笔意，请时翁年老先生正画。弟董邦达"。钤印："董邦达"朱文印、"孚存"白文印。

69. 夏山沙碛图 轴
Mountain and Sand Moraine in Hanging Scroll）

清 Qing Dynasty

王玖　纸本设色　纵112、横51.5厘米

1951年征集于重庆市

王玖，字次峰，号二痴，又号逸泉主人、海隅山樵。江苏常熟人。王翚曾孙，承家学，又游学黄鼎，善用枯笔，兼取虞山、娄东派之长。与王昱、王宸、王愫合称"小四王"。

此图以浅绛加青绿绘夏日山口景色。近景处溪岸一高士曳杖携抱琴童子眺望，若作者自况。布局高远幽深，山用牛毛皴加浅绛青绿作色，显雄浑苍老，溪涧环绕群峰，静中有动。

款识："行尽崎岖路百盘，满身空翠湿衣寒。松风涧水天然调，抱得琴来不用弹。学痴翁须从董巨用思，以潇洒之笔发苍浑之气，游趣天真，复追茂右，斯为得意。此拟夏山沙碛两图而成之。殊未忘于心手，岂能便合古人。剑门山人王玖"。钤印：朱文"王玖印"、白文"二痴氏"印。

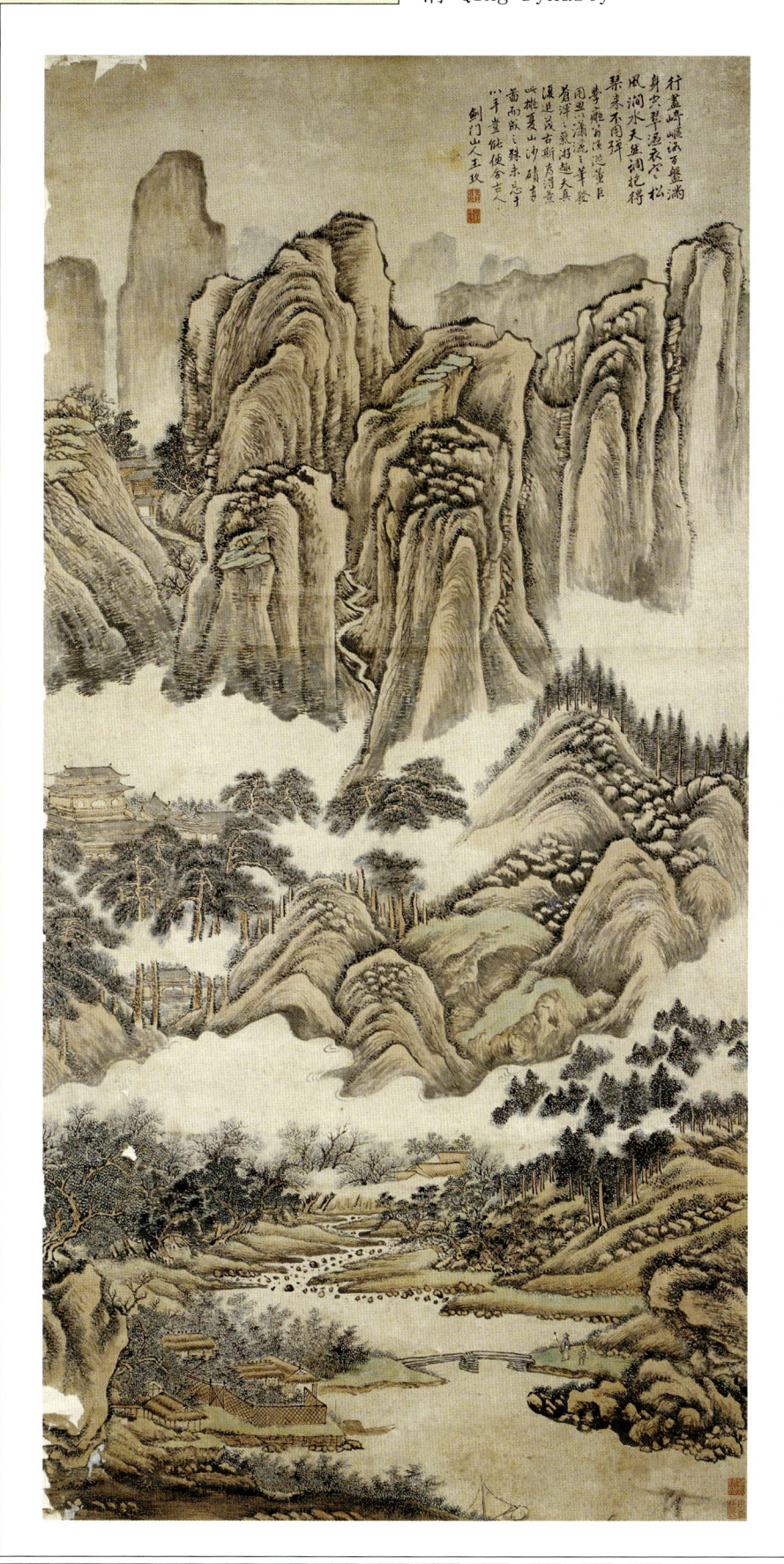

70. 江行揽胜图 轴
Sightseeing When Traveling along the River (Hanging Scroll)

清 Qing Dynasty

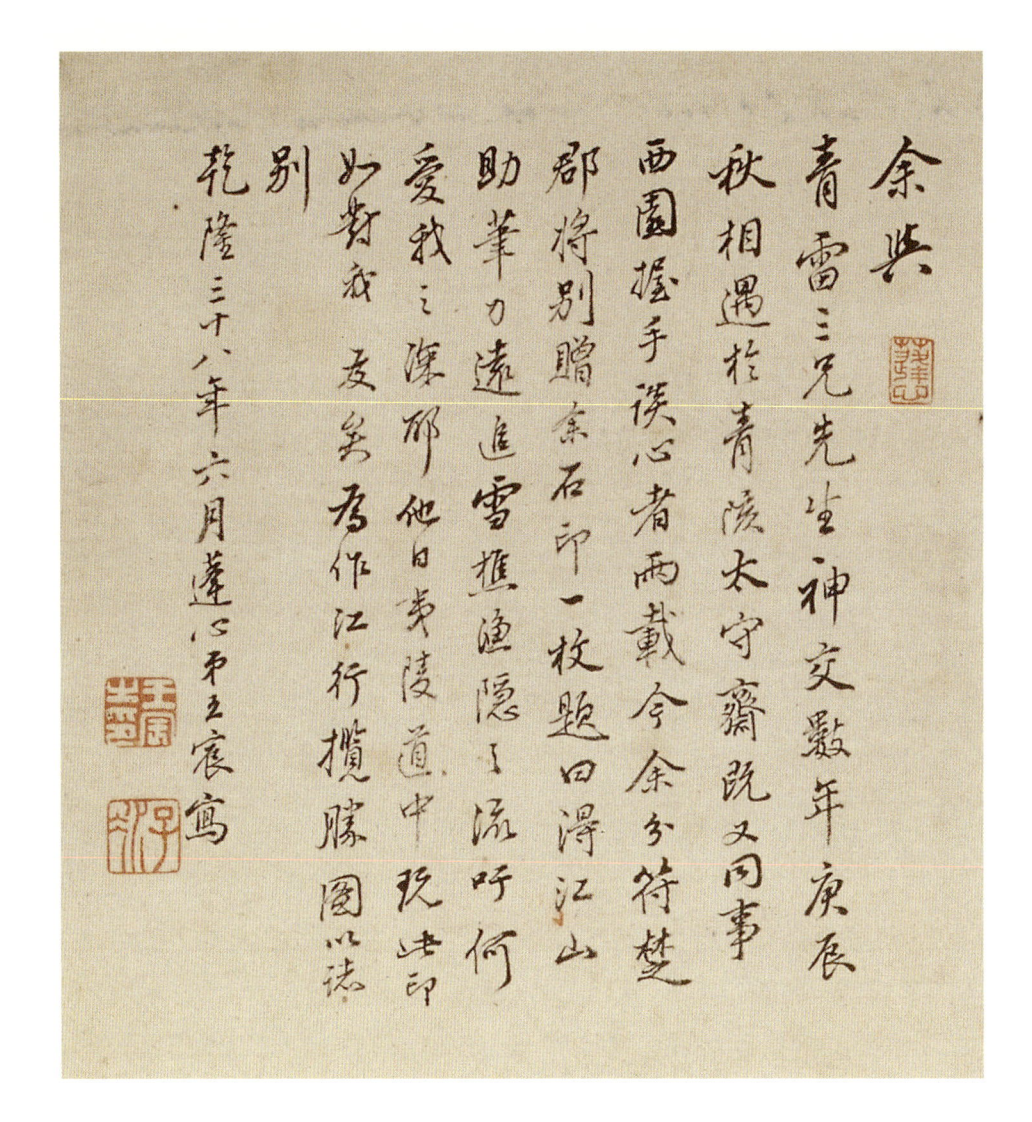

王宸　纸本水墨　纵95、横45厘米

1951年王缵绪捐赠

王宸（1720～1797年），字子凝，一字紫凝，号蓬心，又号蓬樵。江苏太仓人。王原祁曾孙。山水承家学，以元四家为宗，枯毫重墨，气味荒古。"小四王"之一。

此图以水墨写舟行江上，江岸高山耸立，远山连绵，林木葱郁。细笔皴擦，用笔秀致。干皴中尚带润泽之气，乃是作者早期作品。

款识："余与青雷三兄先生神交数年。庚辰秋相遇于青陇太守斋。既又同事西园，握手谈心者两载。今余分符楚郡将别，赠余石印一枚，题曰：得江山助笔力，远追雪樵渔隐之流。呼！何爱我之深耶！他日夷陵道中玩此印如对我友矣。为作江行揽胜图以志别。乾隆三十八年六月蓬心弟王宸写"。钤印：白文"王宸之印"、朱文"子凝"印，引首朱文"蓬心"印。

绘画

71. 山水图 轴
Landscape (Hanging Scroll)

清 Qing Dynasty

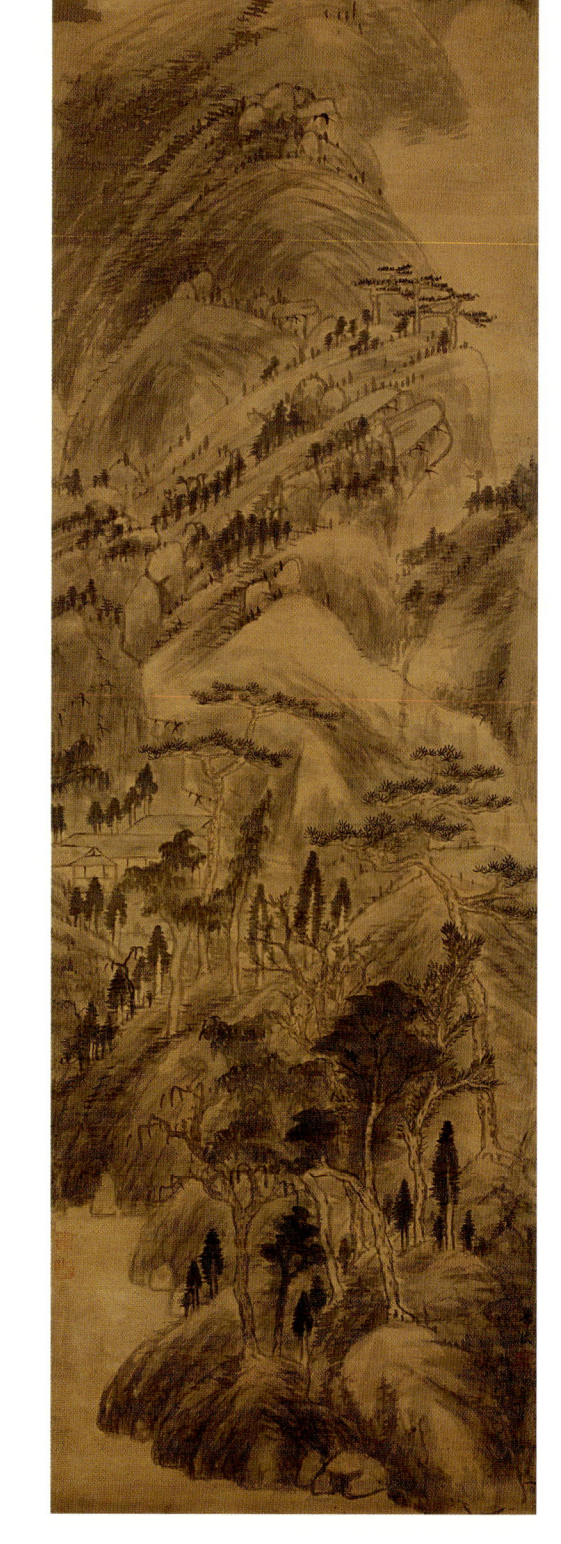

朱耷　绢本设色　纵169、横51厘米

1951年西南军政委员会文教部移交

朱耷（1626～1705年），字雪个，又字个山、道朗、个山驴、八大山人等。江西南昌人，明朱元璋之子宁献王朱权的后裔。其山水画宗法董其昌，兼取黄公望、倪瓒。花鸟画源自林良、沈周、陈淳等写意大家。清初四僧之一。

此轴为水墨山水，略施浅绛、石绿。用笔纵横肆意见悲愤之气。此帧原有印无款，后人不识，在右下角添"道复"款。

款识：伪"道复"款。钤印："可得神仙"白文方印，"八大山人"朱文印。

72. 鹭鸶蓉华图 轴
Egret Among Flowers and Plants (Hanging Scroll)

清 Qing Dynasty

朱耷　纸本水墨　纵135、横69厘米

1955年重庆市文化局移交

此图水墨大写意。笔墨肆意，没骨法写荷叶，枯笔破锋逆走写山石，荷花鹭鸶仅以寥寥数笔勾出。鹭鸶表情奇特。通篇构图险怪，用笔稳健泼辣。

款识："八大山人写"。钤印："八大山人"白文印，"荷园"朱文印。

73. 松庵读书图 轴
Reading in the Hut in Pine Forest (Hanging Scroll)

清 Qing Dynasty

石涛 纸本水墨 纵119、横37厘米

1983年李初梨捐赠

石涛（1642～1705年），俗姓朱，名若极，广西桂林人。明藩靖江王朱守谦后裔。1645年后削发为僧，法名原济，又名超济，字石涛，号大涤子，又号清湘老人、零丁老人、瞎尊者、苦瓜和尚等。擅花卉蔬果，兼工人物，尤善山水。清初四僧之一。

以水墨写意山水，描绘草庵一间位于高峰下，一高士坐窗下悠然吟哦之态。以枯笔浓墨勾勒山廓，略施米点，笔法极简，而山之浑厚态出焉。构图新奇，笔力厚重。

款识："遥想松庵读书处，放笔直探鹤高翥。予时呼起图中人，二载相思同日语。壬午二月春分前五日寄松庵年道兄传教，清湘大涤子写邗上青莲草阁"。钤印："清湘老人"朱文印、"膏肓子涤"白文印。

74. 黄山松谷图 轴
Pine Valley in Huangshan Mountain (Hanging Scroll)

清 Qing Dynasty

梅清　绫本水墨　纵185.5、横60厘米

1983年李初梨捐赠

梅清（1623~1694年），字渊公，号瞿山，安徽宣城人。工诗，擅画山水。与石涛交游甚密，相互切磋画艺。石涛早期山水受他影响，而他晚年画黄山又受石涛影响。

此图写黄山景致，空谷深山，古寺归人。构图奇巧，松林蓊郁。行笔流动豪放，运墨酣畅淋漓。取景奇险，用线盘曲，富有运动感。

款识：右上角作者自题诗"扶杖仙源胜，青冥望里赊。片烟开佛座，满地落松花。鹿饮深潭冷，龙归夕照斜。孤苑清味足，云雾煮仙茶。松谷乙亥夏日写黄山数峰。瞿山梅清"。钤印：朱文"画松"印、白文"瞿硎清"印。

绘　画

75. 雨余新涨图 轴
Flood after Rain (Hanging Scroll)

清 Qing Dynasty

查士标　纸本设色　纵100、横39厘米

1951年王缵绪捐赠

查士标（1655～1698年），字二瞻，号梅壑散人、懒老。新安人。工诗文，书画，书法师承董其昌。擅山水，初师倪瓒，后参以米芾、米友仁、黄公望、吴镇、沈周、董其昌等人画法。与弘仁等并称"海阳四家"。

此图水墨淡赭，描绘雨后湖山，湖上数舟，远山巍峨。以湿笔浓墨写林木，显水汽氤氲林木蓊郁之态。山石以淡墨披麻皴之。构图别致新颖。

款识："雨后新涨画此，石林先生正"。钤印：白文"查士标印"，朱文"二瞻"印。

76. 赤城图 轴
Chicheng City (Hanging Scroll)

清 Qing Dynasty

查士标　纸本水墨　纵240、横129厘米

1951年购买于成都

水墨大笔会写天台石梁景色。远山横卧，烟波浩渺，左下近景一桥横出，仙人骑驴而过。枯木虬枝，有荒凉感觉。气魄雄伟苍劲，笔墨纵横，粗犷豪逸。画上题识遒劲健拔，与画相得益彰。

款识："梦入天台五十年，于今真到赤城边。仙人狡狯谁能测，一笔横明万里烟。右题老人画天台石梁□句，附录此幅以发一笑。学人查士标，康熙丁巳十二月"。钤印："查士标印"白文印，"二瞻氏"朱文印。

77. 翠嶂飞泉图 轴
Running Spring in Forest (Hanging Scroll)

清 Qing Dynasty

龚贤 绢本水墨 纵191、横89厘米

1983年李初梨捐赠

龚贤（1618～1689年），又名岂贤，字半千，又字野遗，号半亩，柴丈人。江苏昆山人。工山水，取法董源、吴镇，能自辟蹊径，形成积墨法。金陵八家之首。

此幅水墨描写重峦叠嶂中瀑布飞出，云气蓊郁。林树深秀，有江南夏秋景色。笔触老辣拙朴，圆润苍劲。作者层层积墨，烟润淋漓，给人一种深郁静穆的意境，为传世龚画的代表作品。

款识："翠嶂飞泉云气虚，此中大隐卜高居。懒登仕版羞称士，不是渔郎亦钓鱼。风月酬他无好句，海山搜尽为奇书。漫言世上知音少，千里相思余与渠。为育时先生画并题。请正，龚贤"。钤印："龚贤"朱文印、"钟山野老"白文印。

绘画

139

78. 山水图 册（八开）
Landscape (Album, Octavo)

清 Qing Dynasty

山水图之一

山水图之二

樊圻　纸本水墨、设色　纵19.4、横27厘米
1961年购买于重庆

樊圻（1616～？年），字会公，更字洽公。江宁人。山水取法董、巨、黄、王和刘松年诸家，用笔工细，皴法细密，风格劲秀清雅。

山水图之三

山水图之四

此图描绘山林小景，设色雅致，笔法淡雅浑朴，意境清远，构图别致。受董其昌画派的影响。

款识："丁卯夏日呈鹤翁老祖台，樊圻"。钤印："樊圻"白朱文连珠印、"樊圻"白文印、"会公"朱文葫芦印、"圻"朱文印。

79. 水阁渔舟图 轴
Boat and Pavilion by Water (Hanging Scroll)

清 Qing Dynasty

高岑 绢本设色 纵154、横47厘米

1983年李初梨捐赠

高岑，字蔚生，浙江杭州人，居江宁。绘画初学七处和尚，后乃以己意行之。山水有粗细两种面貌。

此图为高岑细笔山水。描绘高山深谷之间有村居人家，二人曳杖林荫，二人坐水阁间凭栏远眺。近景一舟横于岸边。云遮雾绕，布局深远。勾线细劲坚峭，山石皴法清淡。林木蓊郁，给人以幽深静谧之感。

此图无款。1989年经杨仁恺、谢稚柳、刘九庵、傅熹年等先生鉴定为高岑作品。

80. 双燕桃花图 扇页
Two Swallows and Peach Blossoms (Fan Face)

清 Qing Dynasty

邹喆　泥金笺设色　纵17、横52厘米

1965年西南军政委员会文教部移交

邹喆，字方鲁，江苏吴县人。善山水、花卉。山水工稳有古气，兼长水墨花卉，勾勒赋彩有元王渊风格。

本图设色绘双燕迎向桃花。用笔凝重，古拙可爱。

款识："戊子夏日写为愚合先生教，邹喆"。钤印：朱文"邹印"。

绘画

143

81. 临流图 轴
Sitting Beside the River (Hanging Scroll)

清 Qing Dynasty

担当　绢本水墨　纵135、横44.5厘米

1983年李初梨捐赠

担当（1593～1683年），僧，名普荷，一名通荷，俗姓唐名泰，字大来。云南晋宁人。明末剃发为僧，法名普荷，号担当。书法取董其昌，山水得倪瓒。风格荒率纵放。

此图描绘一老者临流踞石独坐，眺望远峰瀑布的情景。笔墨简练放纵，布景幽静。而静中因流水、因笔势又有动的感觉，深得元人山水蹊径。

款识："担当"。钤印：白文"普荷"印。

82. 溪山楼阁图 轴
River, Waterfall, Belvederes and Hill (Hanging Scroll)

清 Qing Dynasty

萧一芸 绢本设色 纵180、横48厘米

1960年袁小佩捐赠

萧一芸，字阁有，萧云从侄，传其衣钵。用笔清逸，为萧云从老年时代笔。

描绘瀑布飞泉奔流而下，沿溪楼阁茅舍参差掩映，林木葱郁，深得山水林泉之妙。画法承袭萧云从家风，清俊秀逸，保持大家风度。此画作于康熙十年（1671年）。

款识："辛亥冬月仿黄鹤山樵笔法于邗关僧舍，萧一芸"。钤印："阁有"朱文印、"萧一芸"朱白文印。

83. 关山行旅图 卷
Travelling in Guanshan Mountain (Handscroll)

清 Qing Dynasty

萧云从　纸本设色　纵26.6、横489.5厘米

1951年王缵绪捐赠

萧云从（1596～1673年），原名龙，字尺木，号默思，又号无闷道人，晚称钟山老人。安徽芜湖人。善山水，得倪瓒、黄公望笔法，受四僧之一弘仁的新安画派影响。晚年自成一家，姑熟画派创始人。

此卷为青绿设色，用笔工细，造景奇特。山用枯墨勾廓，无多皴擦，间加苔点有宋元气氛。树木房

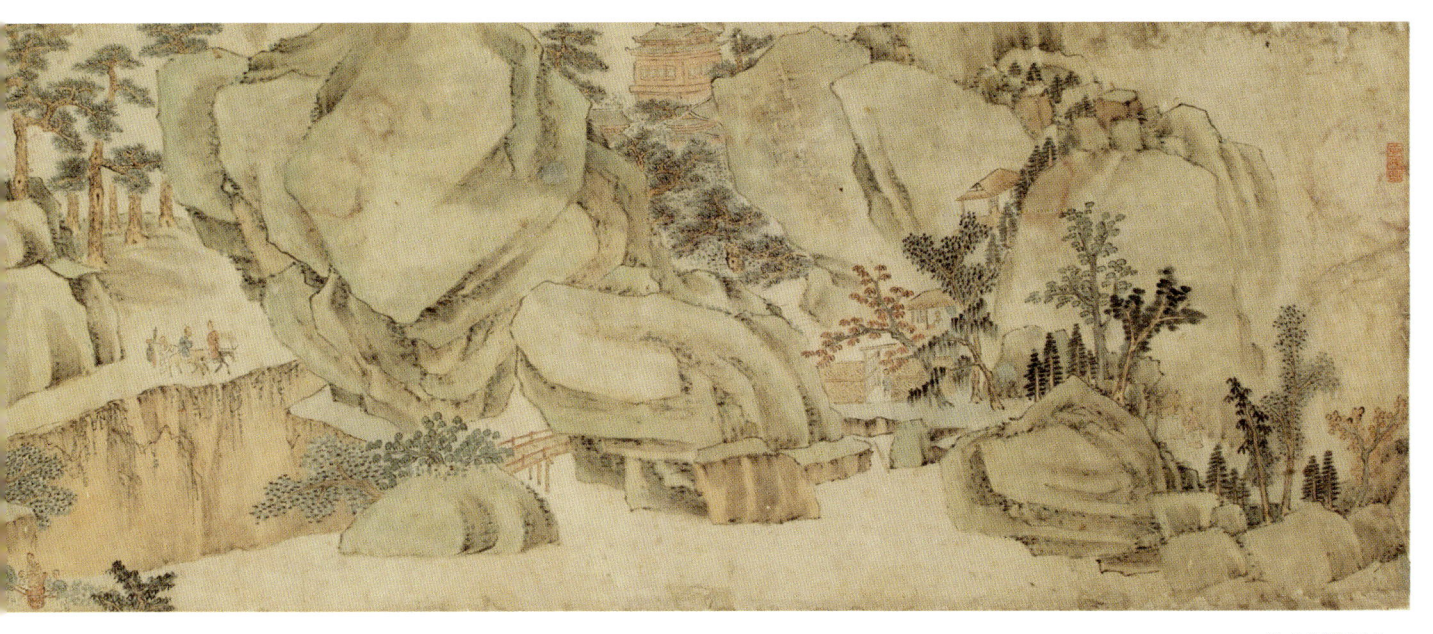

关山行旅图之一

关山行旅图之二

屋微加青赭,澹然古雅,妙极自然。为作者精心之作。卷末有作者题识,拖尾蔡嘉的题跋亦为少见。

款识:"余尝作关山行旅图。凡人物、舟车、园林、廛市罔有不备。同志者玩赏不尽,间或摹稜,莫辨真赝。则兰亭书本俱散失,不意复见原迹。遂欣然如遇故人亟存之。当为吾家御史赚去也。七十老人萧从云识"。钤印:朱文"钟山老人"印。

绘画
148

关山行旅图之三

关山行旅图之四

绘　画

84. 村斗图 轴
Quarrelling (Hanging Scroll)

清 Qing Dynasty

谢彬　纸本设色　纵138、横74厘米

1951年王缵绪捐赠

谢彬（1601～1681年），初名份，字文侯，号仙臞。上虞人，后随父居钱塘。为曾鲸得意门生之一，自能出新意。略施数笔即喜怒毕肖。间作山水，学元四家。兼能花卉、鱼鸟。

画为浅绛山水人物，绘两家隔水相望，鸡犬相闻，因故斗殴。场景生动，面目传神，取材新颖趣致，是绝好的民俗风情图画。

款识："戊午夏日画于止园之玉树堂。仙臞谢彬，时年七十有七"。钤印："谢份"朱文印、"文侯"白文印。

戊午暮春写于补山园之
玉树堂 偶然拾得者
年七十有七

85. 千崖秋爽图 轴
Resorting in Mountain in Autumn (Hanging Scroll)

清 Qing Dynasty

曹有光　绢本设色　纵157.6、横79厘米

1951年曾禹卿捐赠

曹有光，生卒年不详。字子夜，又字西畸，吴县（今江苏苏州）人，一作安徽绩溪人，寄寓杭州西湖，康熙三年（1664年）进士，工书，善画山水、花卉，所作笔墨秀雅，意境幽深，别有情趣，花卉草虫敷染恬洁，字亦如之，有名于时。

此图为设色写真画。在高山峻壑之中，一高士临流据石抱膝而坐，于岩壑中怡然自得。此帧取法高远，笔墨细润，山石峻峭，树木幽深，古意盎然。人物衣纹流畅，惜面目损毁，但仍可于线条之中流露其物我两忘之感。此画作于1650年，画心上方有毛际可、沈尔燝题辞各一段。

款识："千崖秋爽。庚寅九月西泠曹有光写"。钤印：朱文"畸庵"印、"曹氏子夜"白文印。

绘画

86. 墨竹图 轴
Ink Bamboos (Hanging Scroll)

清 Qing Dynasty

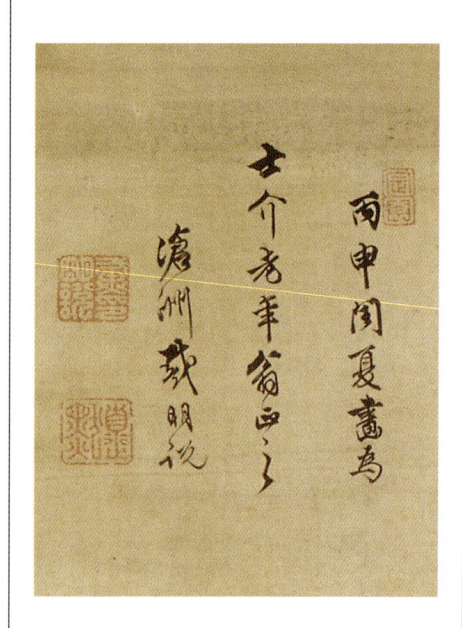

戴明说　绫本水墨　纵168、横52厘米

1951年王瓒绪捐赠

戴明说，字道默，号岩荦，别号定园。河北沧州人。明崇祯七年进士。工书画，墨竹得吴镇法，尤精山水。清顺治时奉旨写画，获赐银章一颗，上镌"米芾画禅，烟峦如觌，明说克传，图画用锡。"

此图写石掩丛篁，枝叶扶疏勃茂有生气。构图简洁明晰，竹叶向背纷披。用墨浓淡适宜，笔笔中锋。此图作于1656年。

款识："丙申闰夏画，为士介老年翁正之。沧州戴明说"。钤印：引首"定园"朱白文印，白文"戴明说印"，朱文"道默"印。

87. 鸣泉翠深图 轴
Spring in the Deep Forest (Hanging Scroll)

清 Qing Dynasty

冯湜　纸本设色　纵167、横62厘米

1951年王缵绪捐赠

冯湜，亦作仙湜，字沚鉴。山水远宗郭熙，近师蓝瑛。武林派画家。

此图设色小青绿山水，画重山叠嶂，翠瀑飞泉。以石青石绿点染树叶，山石勾线幼细，施以雨点皴，清淡细秀，殊有雅致。画面静中有动，疏密相间，淡雅古朴。

款识："处处鸣泉蹴玉飞，翠深应长白云肥。山中饱吃胡麻饭，闲到桥头望鹤归。乙巳嘉平望日为涧南老姻长山居志庆，冯湜顿首"。钤印：白文"冯湜之印"、"沚鉴"，引首白文"萍庵"印。

88. 藤阴读书图 卷
Reading under the Wisteria (Handscroll)

清 Qing Dynasty

茅麐 绢本设色 纵30、横165厘米

1951年王缵绪捐赠

茅麐,字天石,归安人。工山水人物。人物肖像学曾鲸。

此图为青绿设色工笔写真画,为曲阜颜光敏画像,成色精心。画面以颜氏画像为中心,前设荷塘、太湖石,后衬以藤荫掩映。主人据案读书,一侍婢捧书而至。人物神

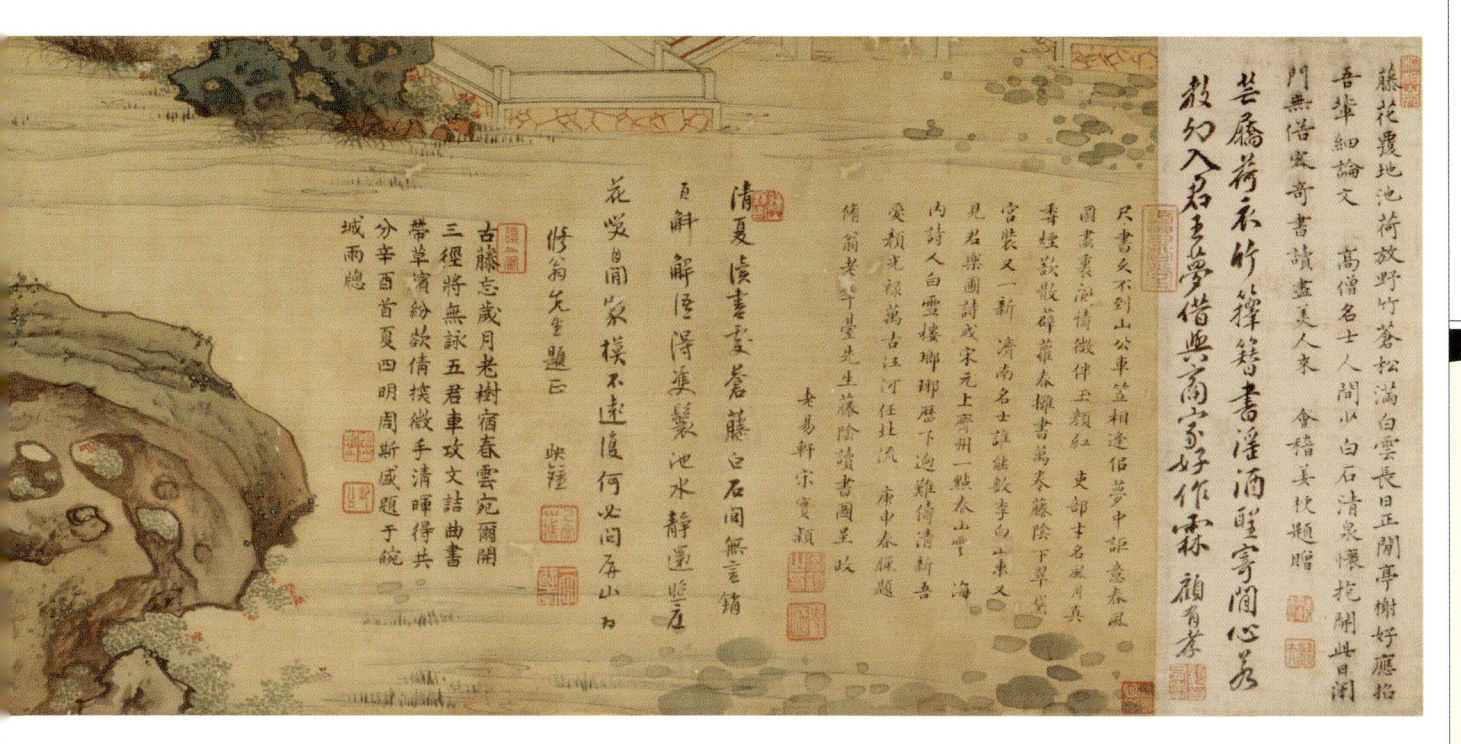

态刻画细致,线条简练挺拔,设色沉着研美,情景细丽生动。画卷上题跋多段,并有金农漆书题签"藤阴读书图"。

款识:"己未冬日吴兴茅麐写"。钤印:白文"麐印"、朱文"天石"印。

89. 西湖春晓图 轴
The West Lake in Spring (Hanging Scroll)

清 Qing Dynasty

奚涛　绢本设色　纵159、横47.5厘米

1983年李初梨捐赠

奚涛，原名冠，字沅山，一字大蒙。江苏昆山人。崇祯五年诸生，卒年八十六岁。画有倪瓒笔意。

图描绘西湖春天景色，新柳吐绿，湖堤绿翠，有人荡舟湖上，眺望湖光山色。此图多勾少皴，水色晕染，呈云遮雾绕之态。正是早春初晓之时。

款识："西湖春晓"。钤印：朱文"奚冠"、"隐明"印。

90. 仿大痴山水图 扇页
Landscape in the Style of Da Chi (Fan Face)

清 Qing Dynasty

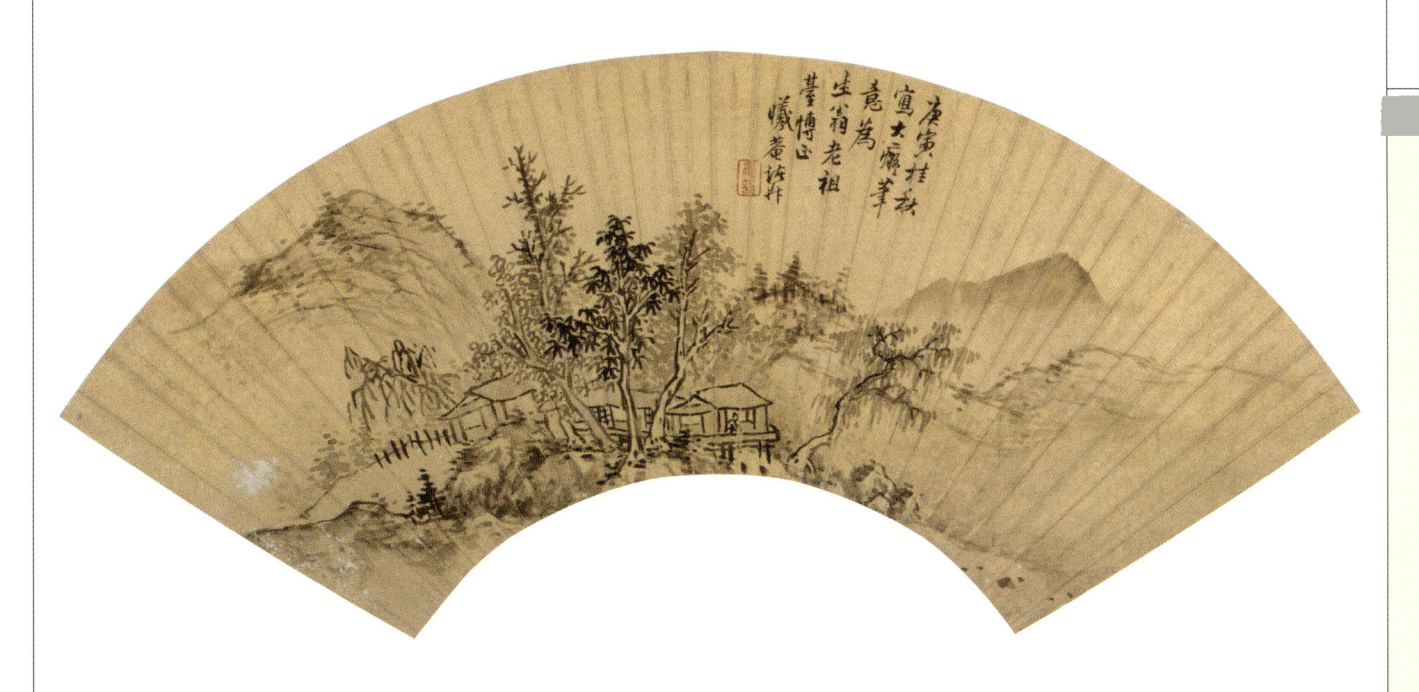

诸昇　泥金笺水墨　纵16、横50厘米

1951年曾禹卿捐赠

诸昇，字曰如，号曦斋。仁和人。师鲁得之。擅画兰石，亦工山水。

图描绘江南夏秋山村景色。屋舍几间，从树焕然，远山明灭。布局幽深澹泊。

款识："庚寅桂秋写大痴笔意，为生翁老祖台正。曦庵诸昇"。钤印：朱文"昇印"。

91. 山水图 轴
Landscape (Hanging Scroll)

清 Qing Dynasty

罗牧　绢本水墨　纵182、横99厘米

1951年王缵绪捐赠

罗牧（1622~1705年），字饭牛，号云庵，牧行者。宁都人，侨居南昌。工山水。宗法董源、黄公望，师古能化，自成风格。

此图画溪流蜿蜒，两岸山石对出。远山迷蒙，近景老干枯藤，芦苇人家。山石以披麻皴，画树用董其昌法，显示林木蓊郁景色。布局疏朗，有空间感。

款识："壬戌夏四月画于真州客舍，竹溪罗牧"。钤印："罗牧私印"、"饭牛"白文印。

92. 幽居卧游图 轴
Quiet Home Beside River in Mountain (Hanging Scroll)

清 Qing Dynasty

罗牧　绫本水墨　纵202.5、横47厘米

1951年王缵绪捐赠

此轴绘崇山峻岭中飞泉直泻潭中，四周林木环绕。近景溪边有亭舍一间，景况幽静宁谧，可作卧游清赏。

款识："幽居卜近石泉飞，苍壁寒云隐翠溦。我欲挥毫图此意，卧游终老亦忘归。乙亥罗牧"。钤印："罗牧私印"、"饭牛"白文印。

93. 虎丘图 卷
Huqiu Garden (Handscroll)

清 Qing Dynasty

顾符稹　绫本设色　纵25.5、横78厘米

1951年王缵绪捐赠

顾符稹（1634～？年），字瑟如，一字松巢，号小痴。江苏兴化人。人物、山水学李昭道，工细入毫发。

该卷描绘虎丘园林景色，田畴平静，丘阜萦回，闾舍栉比，而虎丘塔耸于天外。画面起伏布局有写真意味。笔法细腻，巨细靡遗，布局平远开阔。

款识："虎丘图。丁巳重九日，易山顾符稹"。钤印：朱文"符稹"连珠印。

虎丘图
丁己重九日
昜山顾符稹

94. 蓉桂图 扇页
Confederate Roses and Osmanthuses (Fan Face)

清 Qing Dynasty

    王武　纸本水墨　纵17、横53厘米

    1951年王瓒绪捐赠

    王武（1632～1690年），字勤中，晚号忘庵，又号雪颠道人。吴县人。明代画家王鏊六世孙。清初院画名家，擅画花鸟，风格工整秀丽。与恽寿平同时称誉画坛。

    水墨写意绘芙蓉桂花。枝叶以没骨法渲染，花、蕊悉中锋钩画。粗中间细，洒脱生动。

    款识："忘庵仿白阳山人法写蓉桂图。甲子霜降日"。铃印：朱文"忘庵"葫芦印。

95. 秋林观瀑图 轴
Enjoying the Waterfall in Forest in Autumn (Hanging Scroll)

清 Qing Dynasty

高简 纸本设色 纵123.5、横58厘米

1983年李初梨捐赠

高简（1634~1707年），字澹游，号游云、一云山人。江苏苏州人。能诗，工山水，摹法元人，好画梅花。

该图浅绛设色，描绘秋天景色。层崖叠嶂中，瀑布高悬落入溪涧，岸边林木荫森，有茅屋数椽，楼上两人凭栏远眺，山间枫叶绯红丹青杂错。用笔松秀，设色淡雅。

款识："壬戌九秋画祝君老亲翁暨亲母朱夫人双寿。高简"。钤印：白文"高简"、"澹游"印。

96. 文潞公园图 轴
Duke Wenlu's Garden (Hanging Scroll)

清 Qing Dynasty

禹之鼎　绢本设色　纵163、横53厘米

1983年李初梨捐赠

禹之鼎（1647～1713年），字尚吉，号慎斋，广陵涛上渔人。康熙间供奉内廷。工山水、人物，尤精写真。

此图为青绿设色山水人物。描绘文潞公（文彦博）亭园景色。远山绵延，中景湖面宽广，有人泛舟其上。一座廊桥连向近景，桥上一人曳杖流连其间。近景中画面主体建筑前文彦博为童子搀扶着接受一人的跪拜，而建筑中数人正在欣赏书画。前景一童子倚于大门前，门外客人络绎不绝的纷至沓来。画风工细雅秀，近仇英一派，色彩艳丽。画心正上方钤清铁帽子王克勤郡王的"克勤王章"。

款识：画心右上隶书"文潞公园"。钤印：白文"慎斋禹之鼎印"、朱文"广陵涛上渔人"印。

绘画

97. 墨竹图 轴
Ink Bamboos (Hanging Scroll)

清 Qing Dynasty

禹之鼎　纸本水墨　纵86.5、横54厘米

1951年申彦丞捐赠

此图以水墨写竹石。新篁临风，转侧多姿，笔墨极其简练。

款识："乙亥夏为晦老道翁一粲，广陵禹之鼎"。钤印：白文"慎斋禹之鼎印"、朱文"广陵涛上渔人"。

98. 江山楼阁图 轴
Landscape and Belvederes (Hanging Scroll)

清 Qing Dynasty

袁江　绢本水墨　纵181、横68厘米

1952年购买于成都

袁江（约1671～1746年），字文涛，江苏扬州人。山水学宋人，楼阁精工，中年得无名氏画稿，画艺亦精进。其界画为清代第一。

此幅为水墨界画。描写江边歇山式楼台一幢，四周山谷间有苍松虬枝缭绕，江水环流其前，背后高山峰峦叠翠。写山石多勾少皴，布局苍茫旷远。此画作于1715年。

款识："癸巳秋月邗上袁江画"。钤印："文涛"朱文印、白文"袁江之印"。

绘画

99. 枇杷图 轴
Loquats (Hanging Scroll)

清 Qing Dynasty

金农　纸本设色　纵123、横27厘米

1983年李初梨捐赠

金农（1687～1764年），字寿门，号冬心，又号稽留山民、曲江外史、昔耶居士等。浙江杭州人。精篆刻、鉴定，兼善山水、人物、花鸟，带金石气。为扬州八怪之首，其绘画在当时影响巨大。

描绘枇杷一枝，硕果累累。笔法古拙，质朴苍老，运笔间带篆刻味道。

款识："橛头船，昨日到，洞庭枇杷天下少。鹅黄颜色真个好，我与山妻同一饱。此予十年前自度曲也，本为晋岩世老先生画复书前词。七十六叟金农记"。钤印：朱文"金氏寿门书画"印。

100. 秋葵鸡黍图 轴
Hibiscus and A Hen (Hanging Scroll)

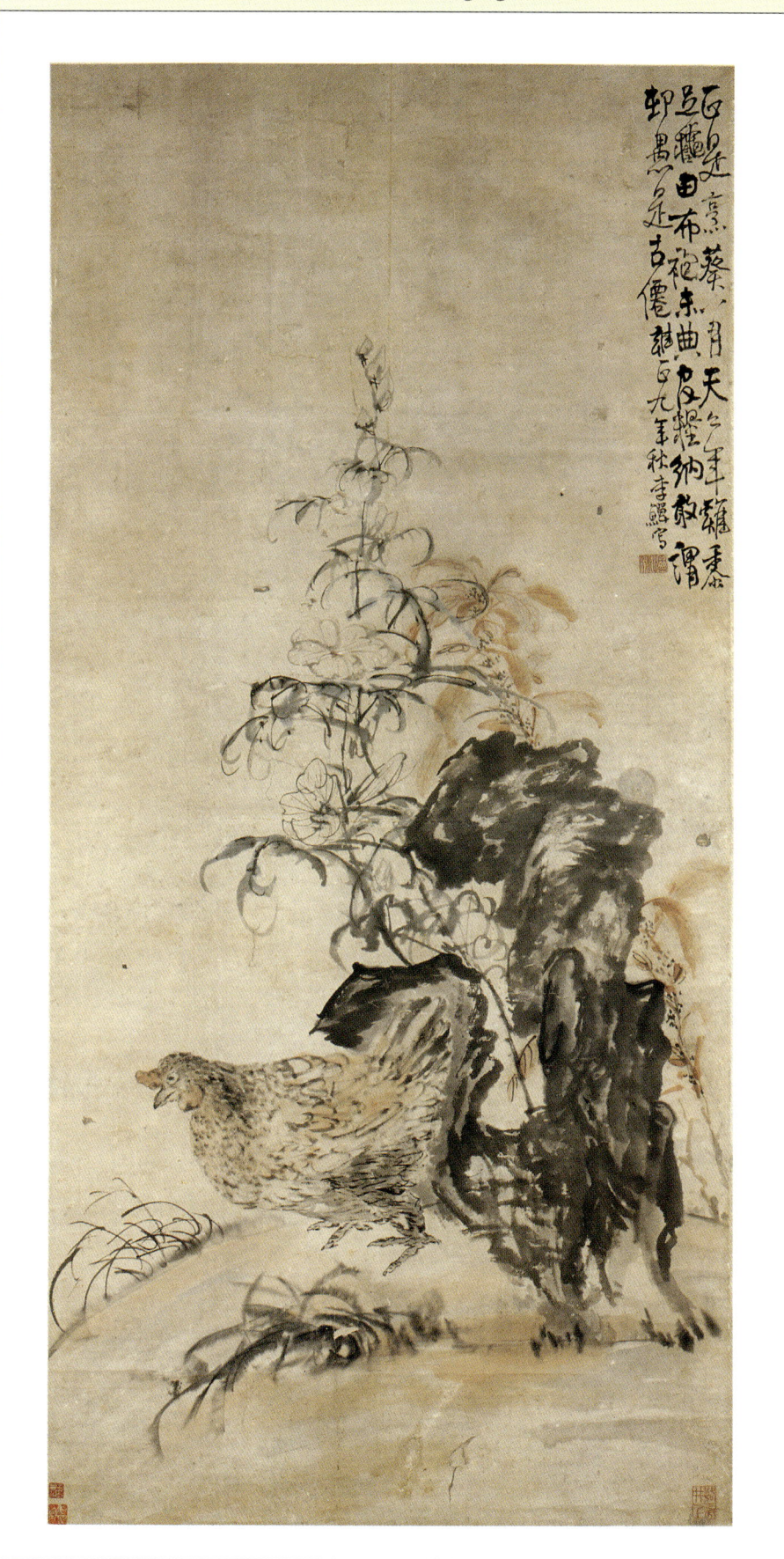

清 Qing Dynasty

李鱓 纸本设色 纵140.5、横66.5厘米

1951年王缵绪捐赠

李鱓（1686～1762年），字宗扬，号复堂，又号懊道人。江苏兴化人。曾学于蒋廷锡、高其佩，供奉内廷。后出任山东滕县知县，"以忤大吏罢归"。中年画风转入粗笔写意，大胆泼辣。

此图为写意淡设色，花石旁有秋葵盛开，一只胖胖的母鸡正在悠闲地觅食，暗喻丰收景象。行笔潇洒肆意，山石皴染乱中有致，几笔草草而花石形俱焉。笔意潇洒，墨光色彩，淋漓华滋。

款识："正是烹葵八月天，今年鸡黍足秋田。布袍未典官粮纳，敢谓村愚是古仙。雍正九年秋李鱓写"。钤印："懊道人"朱文印。

101. 花卉图 册（十二开）
Flowers and Plants (Album, Duodecimo)

清 Qing Dynasty

花卉图之一

花卉图之二

李鱓　纸本设色、水墨　纵26、横35.5厘米

1951年购买于成都

共十二开，设色八帧，水墨四帧。写意绘花卉、竹石等。湿笔写意，水色淋漓，不拘法度，色丽形逸。是李鱓的代表作品。

款识："剥进蜂窝玉蛹藏，海榴殊逊此甘香。不逢采摘多盈把，也置湖天鸟鹜粮。李鱓"、"顾言

花卉图之三

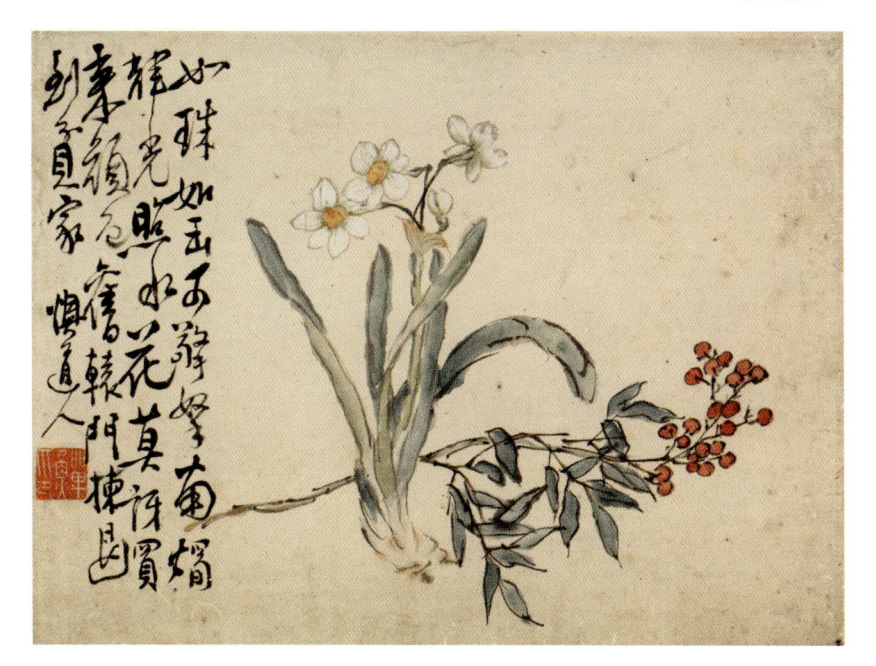

花卉图之四

思作未忘忧，嫁得萧郎爱远游。绰约梳头发初乱，玉簪拖上桂花油。复堂李鱓"、"懊道人"、"如珠如玉可擎拏，南烛辉光照水花。莫讶买来颜色旧，辕门拣退到贫家。懊道人"等。钤印：白文"复堂"印、白文"宗杨"印、朱文"鱓"印、白文"鱓印"等。

102. 墨梅图 轴
Ink Prunus (Hanging Scroll)

清 Qing Dynasty

汪士慎　纸本水墨　纵32、横26厘米

1983年李初梨捐赠

汪士慎（1686~1759年），字近人，号巢林，又号东溪外史，安徽歙县人，流寓扬州。工诗及八分书，画水仙、梅花精妙独绝。

此轴有画心两幅，为墨梅小品。悉以淡墨中锋作枝干，曲折多姿。花开繁密，构图别致。

款识："湿云压地雪花乱，一日狂风十日寒。不爱春光满柴屋，却从墙角借来看。巢林"。"十年世事三更梦，斜日阑干万古穿。士慎"。钤印：白文"新安汪氏章"、朱文"慎"印。

103. 纫兰图 轴
Orchids (Hanging Scroll)

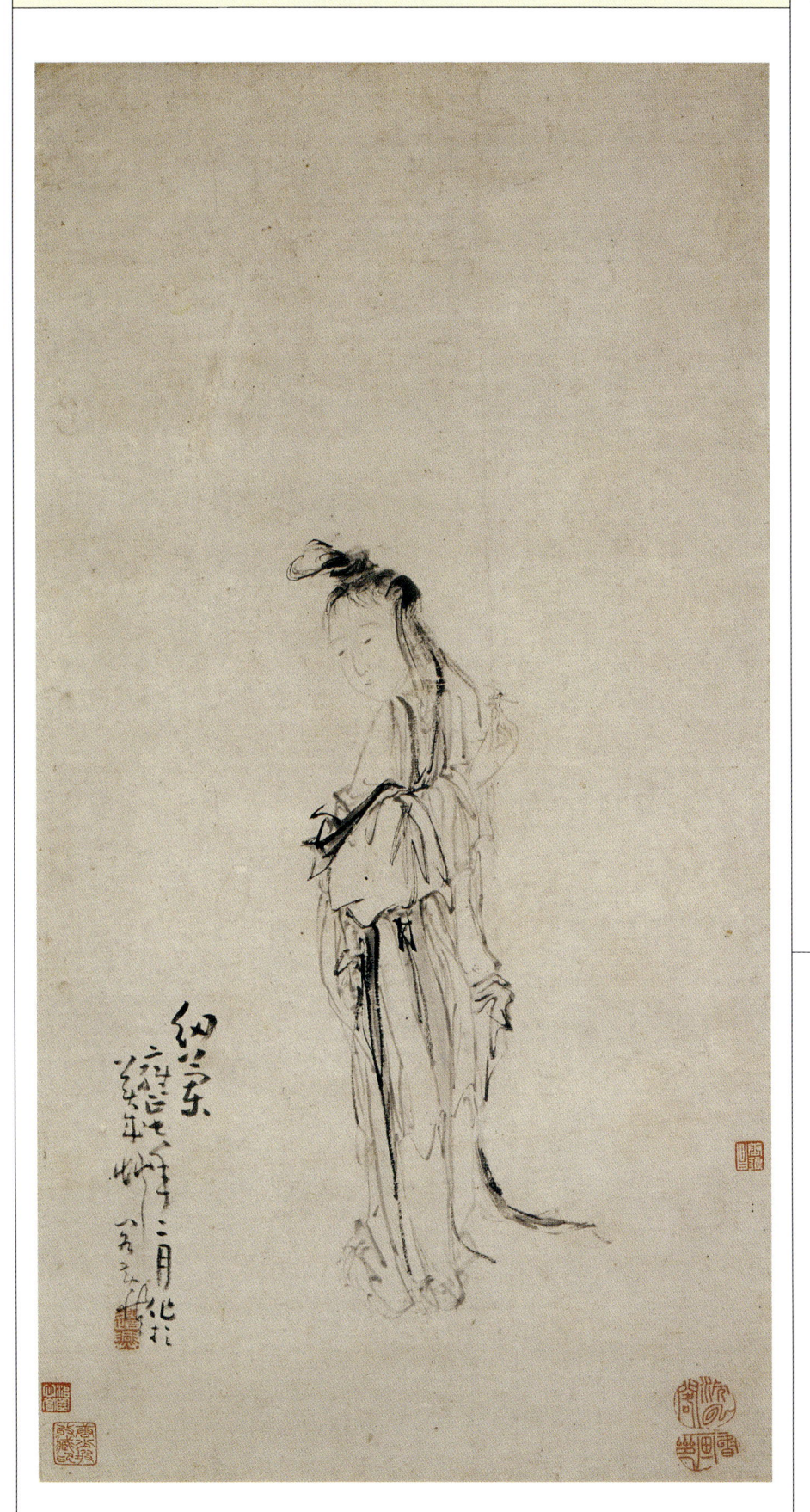

清 Qing Dynasty

黄慎　纸本水墨　纵66、横35厘米

1951年王缵绪捐赠

黄慎（1687～？年），字恭懋，号瘿瓢子，别号东海布衣。福建宁化人。工草书，法怀素。画人物多取神仙故事为题材，初学上官周，后以狂草笔法入画。笔姿放纵，气象雄伟。

此图描绘仕女手拈兰花静思之态。用笔迅疾，衣纹顿挫，见草书笔法。

款识："雍正七年二月作于莫城草阁，黄慎"。钤印："遣兴"白文印。

104. 山水图 屏（四条）
Landscape (Screen, Four Strips)

清 Qing Dynasty

山水图之一

山水图之二

高翔　纸本水墨　纵54、横24厘米

1983年李初梨捐赠

高翔（1688～1753年），字凤冈，号西唐，又号樨堂。江苏扬州人。在扬州八怪中以擅画山水著称。取法弘仁和石涛，风格清秀简静。

此屏共四条，每条两图，原为

山水图之三

山水图之四

册页。描绘山水小品，多以淡墨枯笔，线条洗练，山石多以披麻皴、胡椒点。构图新颖，秀韵天成。

钤印："樨堂高翔"白文印、"西唐山人书余"白文印、"高翔之印"白文印、"樨堂"朱文印等。

山水图之五

山水图之六

山水图局部

105. 七月新篁图 轴
New Bamboo in July (Hanging Scroll)

清 Qing Dynasty

郑燮　纸本水墨　纵96、横49厘米

1951年王缵绪捐赠

郑燮（1693～1765年），字克柔，号板桥。工诗善书，绘画上擅画兰、竹、石，尤精墨竹，学徐渭、石涛、八大画法，擅长水墨写意。是扬州八怪中最受人称道的画家，其诗书画世称"三绝"。

此图绘水墨竹子，新篁细枝，却劲拔挺直。用墨干湿并用，笔法瘦劲。画的右侧方作者以自创六分半书自题诗"竹叶阴浓盛夏时，画工聊写两三枝。无端七月新篁进，不怕秋风发迹迟。"诗书画交相辉映，相映成趣。

款识："板桥居士郑燮"。钤印："郑板桥"、"乾隆东封书画史"白文印。

106. 兰竹石图 轴
Orchid, Bamboo and Stone (Hanging Scroll)

清 Qing Dynasty

郑燮　纸本水墨　纵88、横46厘米

1983年李初梨捐赠

此轴以水墨绘石上兰竹。笔墨洒脱，竹枝新发，兰草妙曼。山石以侧锋勾勒，微微点苔。布局疏密相间，别致雅趣。

款识："有兰写竹，有石一种。多情历历，何须碧绿。丹黄千载，墨痕一色。板桥"。钤印：山石上钤"郑燮"白文连珠印。

107. 牡丹图 轴
Peonys (Hanging Scroll)

清 Qing Dynasty

李方膺　纸本水墨　纵90、横46厘米

1983年李初梨捐赠

李方膺（1695～1755年），字虬仲，号晴江，别号秋池、抑园、白衣山人。江苏南通人。寓居金陵借园，又自号借园主人。工诗文书画，擅画梅兰竹菊松鱼等，注重师法传统和造化，能自成一格。

以水墨绘没骨牡丹。以墨色浓淡干湿的变幻来体现牡丹妍丽多姿，枝干笔法苍劲迅疾。笔墨极其洗练，形象鲜明。

款识："市上胭脂贱是泥，一文钱买一筐提。李生淡墨如金惜，笑杀丹青手眼低。乾隆四年十月写于青州之干乘，晴江李方膺"。钤印：白文"古之狂心"、"路旁井上"印。

108. 午桥庄图 轴
Wuqiao Manor (Hanging Scroll)

清 Qing Dynasty

罗聘　绢本设色　纵103、横53厘米

1983年李初梨捐赠

罗聘（1733～1799年），字遯夫，号两峰，自号花之寺僧。原籍安徽歙县，迁居扬州。扬州八怪中最年轻者。金农弟子，尝为其代笔。工诗善画，笔情古逸。善画山水、人物、花卉，受金农、石涛、华嵒等人影响。其墨梅、兰竹，均极超妙。

该图为小青绿山水，写唐相裴度午桥庄别墅故事。以石青石绿染山之向阳面、树叶、草地，以浅绛染山石、屋舍、树干。色泽明快雅丽，用笔繁密精微。密而不乱，精细别致，是难得的佳作。

款识："午桥庄上千竿竹，绿墅堂中白昼春。玉中二兄世老先生命两峰弟罗聘画"。钤印："扬州罗聘"朱文印。

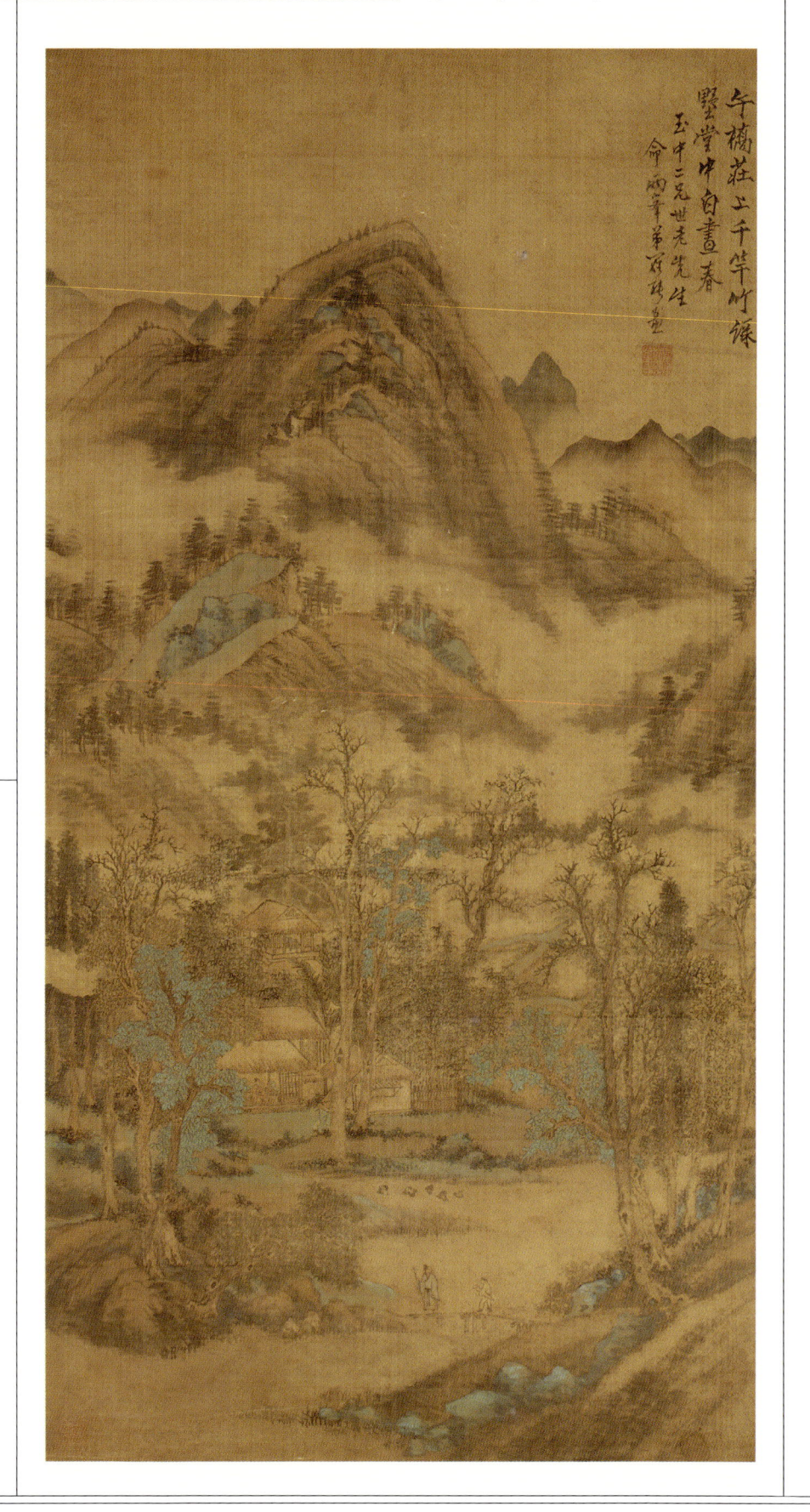

绘画

109. 研山图 卷
Ink slabs in Mountain Shape (Handscroll)

清 Qing Dynasty

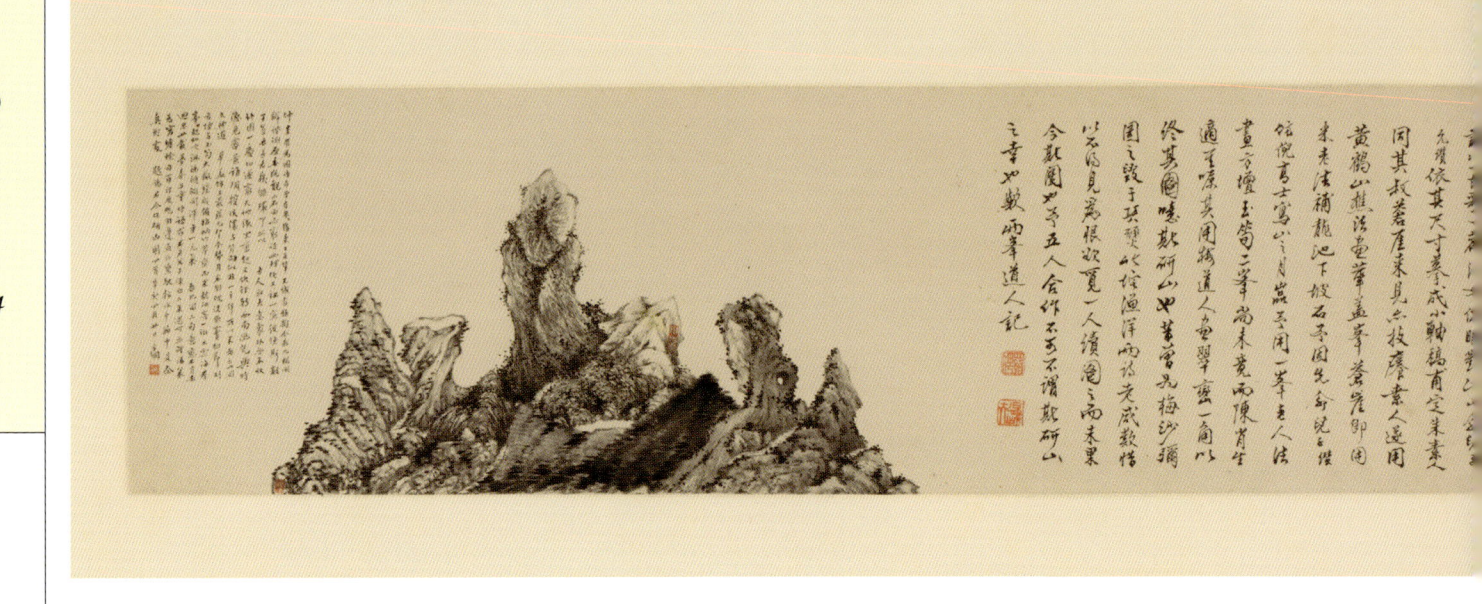

罗聘等　纸本水墨　纵26、横431厘米

1951年王缵绪捐赠

该卷为七件作品的合装卷。主要有翁方纲小字隶书《宝晋斋研山考》、罗聘之子罗允缵绘《宝晋斋研山图》、研山拓本、罗聘等五人合作《研山图》。

其中翁方纲《宝晋斋研山考》是对米芾故物来龙去脉的考证，其小字隶书功力深厚，具有重要的艺术与史料意义。

罗允缵绘《宝晋斋研山图》乃是仿其形制以米点皴勾皴而出，犹

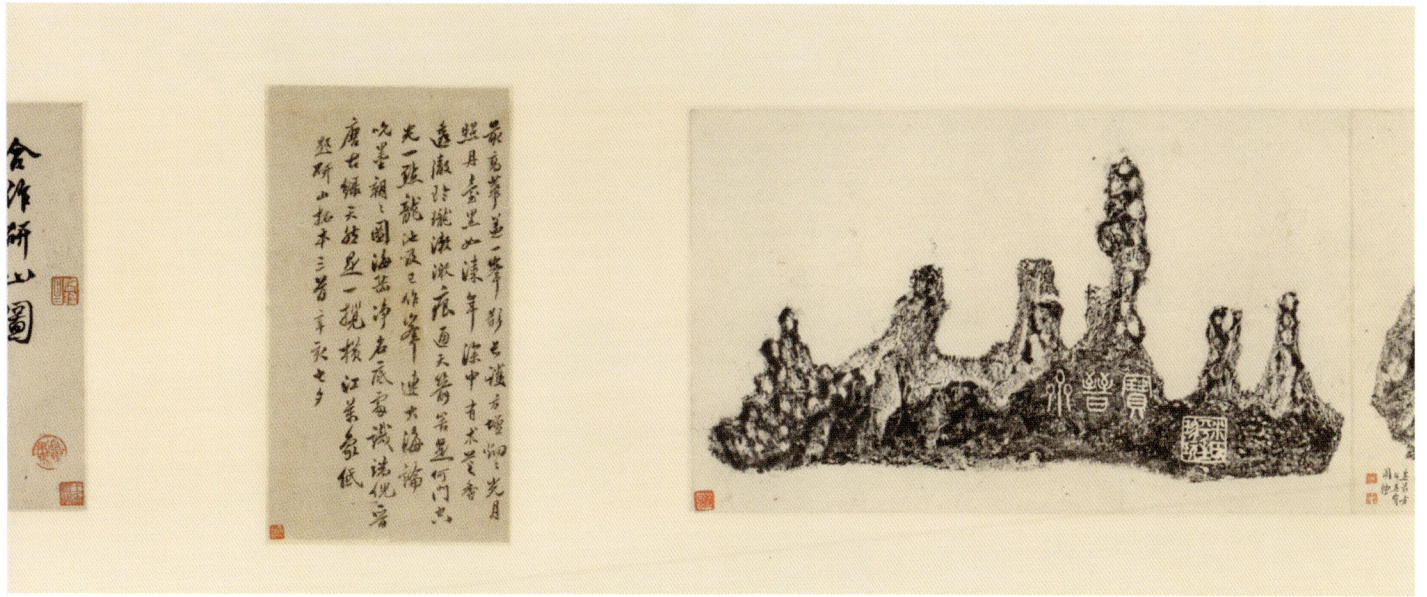

如林木蓊郁，水润厚重。

罗聘、罗允缵、朱苍崖、朱本、陈嵩等五人合作《研山图》，乃是每人各尽所能，用不同的笔法风格绘制的形象中的研山，化一方砚台为真实山林。施以米点皴、牛毛皴、解索皴等种种山水画技法，给人以林木繁茂，烟雨迷蒙之感。此段有罗聘题记一段。

款识："两峰道人记"。钤印：朱文"罗聘"、"遯夫"印。

112. 松涧苍鹿图 轴
Deer in the Pine Trees (Hanging Scroll)

清 Qing Dynasty

华嵒　纸本设色　纵103、横63厘米

1983年李初梨捐赠

此图设色描绘松岩涧壑之间，一只苍鹿休闲地坐在地上，回首顾盼。布景空灵恬静有诗意，画格松秀，敷色雅丽，气韵清新明快。

款识："松涧之阳，其鹿苍矣，既弥春秋，勖也胡似，新罗山人写并题"。

钤印：朱文"布衣生"圆印，白文"华嵒"印。

绘画

189

113. 仿赵仲穆山水图 轴
Landscape in the Style of Zhao Zhongmu's (Hanging Scroll)

清 Qing Dynasty

华嵒　绢本设色　纵179、横45.5厘米

1983年李初梨捐赠

图为浅绛山水。绘崇山峻岭间，飞瀑奔流入溪，而山前林木苍翠中有茅屋，一高士正凭栏眺望山色。笔法秀致，山石施以披麻皴，浅绛之上略染石绿。构图旷远空灵。

款识："新罗山人拟赵仲穆用笔"。钤印：朱文"华嵒"印，白文"秋岳"印。

绘画

114. 花石图 册（十开）
Flowers and Stones (Album, Tenmo)

清 Qing Dynasty

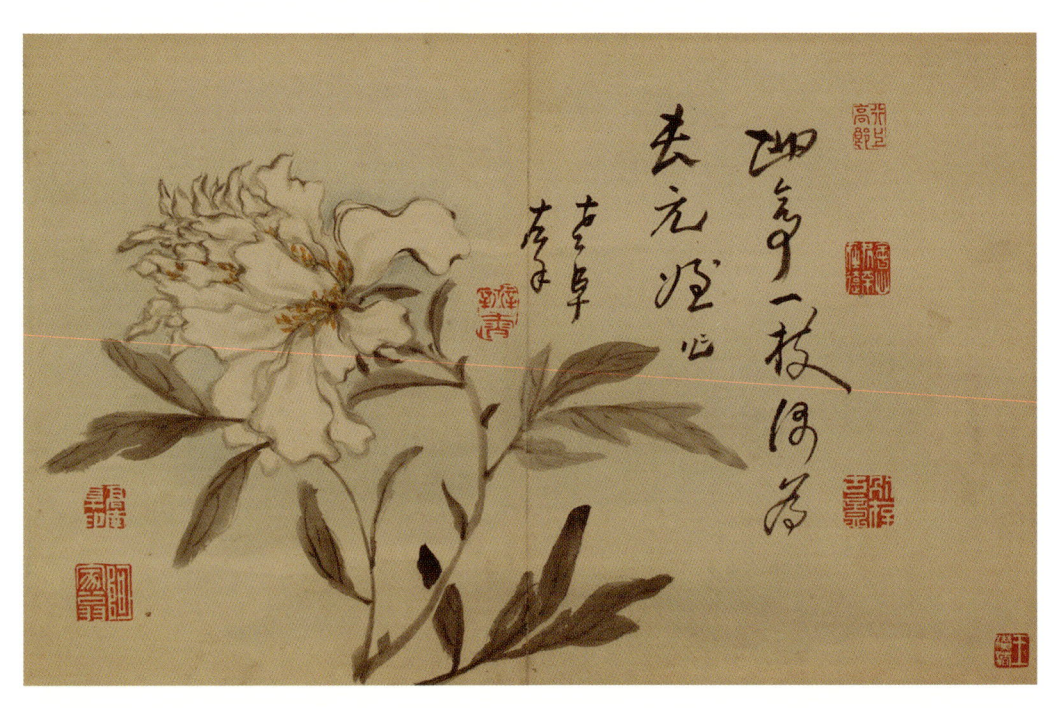

花石图之一

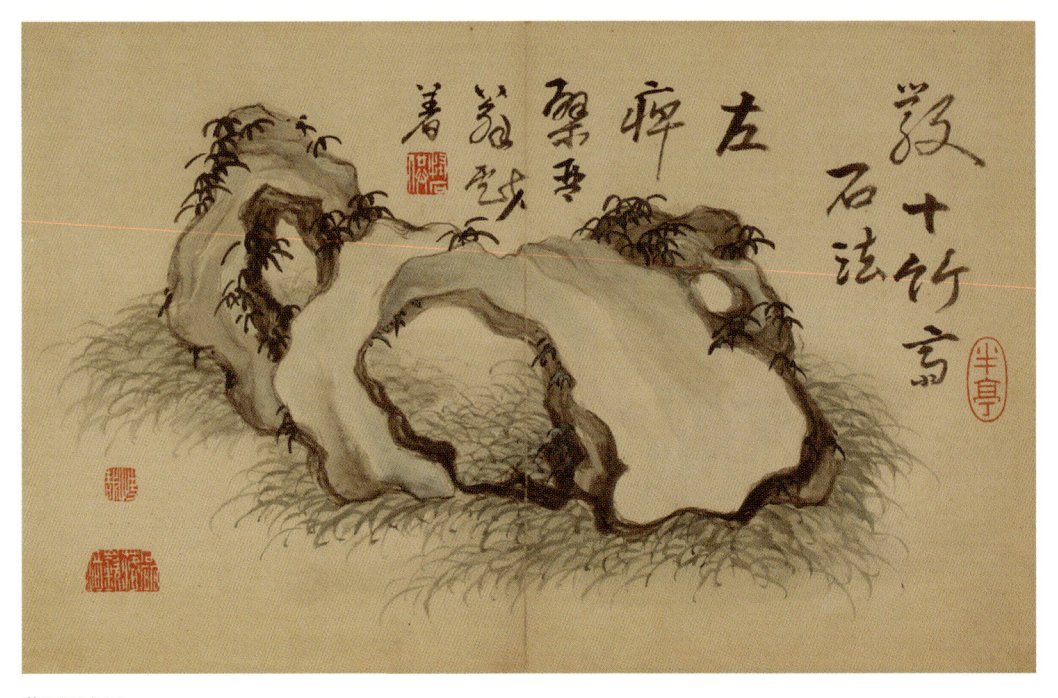

花石图之二

  高凤翰　纸本设色　纵28、横44厘米
  1951年王缵绪捐赠
  高凤翰（1683～1749年），字西园，号南村，晚号南阜，自称檗琴老人。胶州人，流寓扬州。五十五岁右手病废，改用左手作画。更号"尚左生"。工书画，善山水、花卉，得天趣。
  此册绘各色花石共计十开，

花石图之三

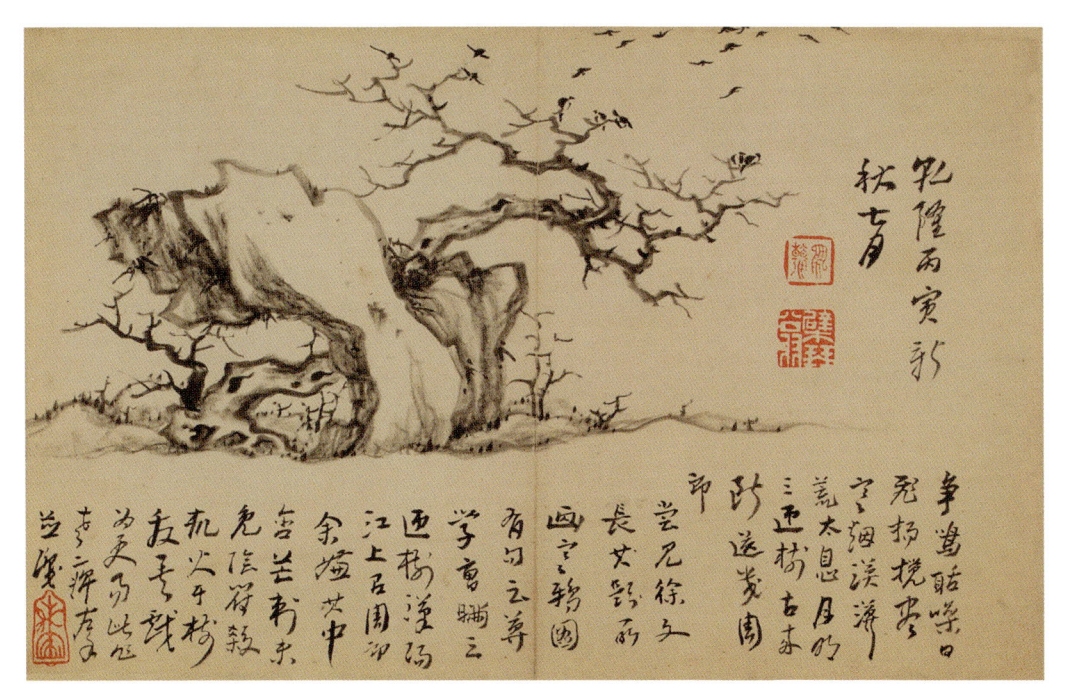

花石图之四

敷色鲜丽，笔墨润掩，用笔奔放纵逸，苍劲古拙。奇拗劲逸，别有韵味。

款识："学十竹斋石法，左瘇擗琴翁戏着"、"蕉叶垂阴翠幕寒，小红互并伏栏杆。娇憨略扬横斜面，带露犹藏怕客看。南阜老瘇戏写并句。丙寅"等。钤印：朱文"半亭"、白文"怪石拱"、白文"左手"、白文"高南阜印"等。

115. 花卉图 册（十二开）
Flowers and Plants (Album, Duodecimo)

清 Qing Dynasty

花卉图之一

花卉图之二

边寿民　纸本设色　纵20、横29厘米

1983年李初梨捐赠

边寿民（1684～1782年），初名维祺，字颐公，又字渐僧，号苇间居士。江苏淮安人。擅长芦雁和写意花卉。

此册共十二开，水墨、设色

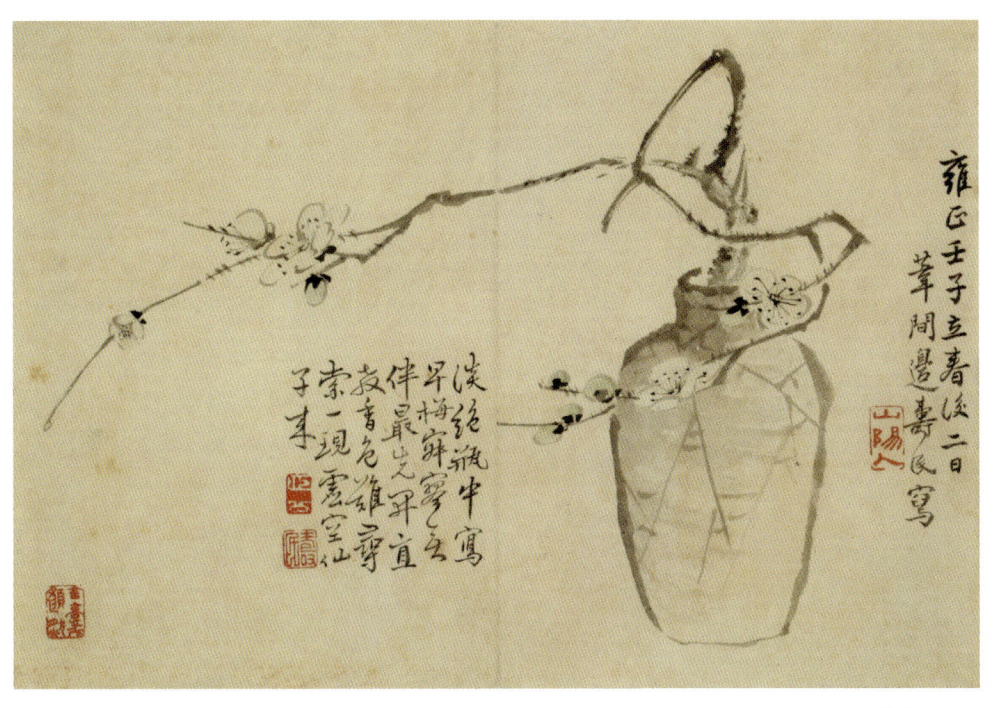

花卉图之三

花卉图之四

各六开,绘写意螃蟹、虞美人、梅花、荷花等。设色鲜丽,用笔苍劲。

款识:"颐公"、"苇间边寿民写"、"英雄地下独怜危,不惜黄金铸美人。苇间寿民"、"苇间居士"等。钤印:白文"寿民"、"边维祺"、"颐公",朱文"边氏"、"山阳人"等印。

116. 层崖石屋图 轴
Stone and House on the Precipices (Hanging Scroll)

清 Qing Dynasty

蔡嘉 绢本设色 纵104、横53厘米

1951年收购于成都

蔡嘉（1686～1779后），字松原，一字岑州，号雪堂，一号旅亭，又号朱方老民、云山过客、梦溪旧樵、茶畦老圃等。江苏丹阳人，侨居扬州。所居曰高寒旧馆。与高翔、汪士慎、朱冕为诗画友。花卉、山石、翎毛、虫鱼皆逸品，尤善青绿山水。

该图为青绿山水人物，描写楼阁置于层崖之下，四周林木蓊郁，溪涧流经其间，景色深邃幽静。一老者楼山危坐，临栏远眺。笔法精细秀润，敷色浓艳妍丽。

款识："虚洞层崖石屋平，纫兰有客解尘缨。书抄丹诀还精脑，酒熟松花养性情。把钓每怜鸥作伴，看云时喜鹤同行。不须更学神仙术，此地无生复有生。时己酉秋九月写，松原蔡嘉并题"。钤印：白文"蔡嘉"、朱文"松原"印。

绘画

197

117. 仕女凝思图 轴
Meditating Lady (Hanging Scroll)

清 Qing Dynasty

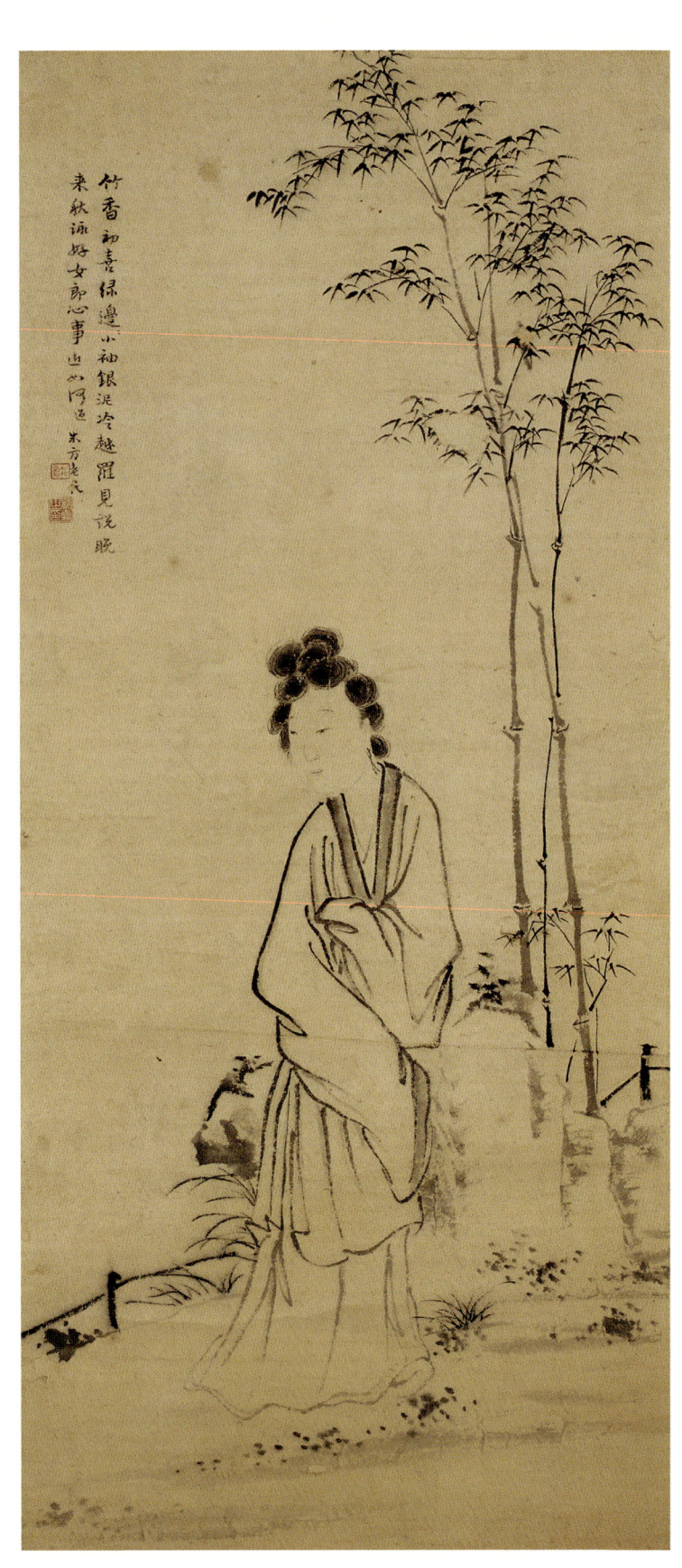

蔡嘉　纸本水墨　纵78、横34厘米

1959年收购于重庆

此图枯笔焦墨绘竹下仕女凝思之态。笔墨简练，构图新颖。

款识："竹香初喜绿边道，小袖银泥冷越罗。见说晚来秋咏好，女郎心事也如何。朱方老民"。钤印：朱文"松原"、白文"蔡嘉之印"。

118. 凝思图 轴
Meditating (Hanging Scroll)

清 Qing Dynasty

闵贞　纸本水墨　纵77.5、横48.5厘米

1951年王缵绪捐赠

闵贞（1730～？年），字正斋，江西人。擅画山水、人物、花鸟，多作写意，笔墨奇纵。人物画最具特色。

此图以水墨描绘仕女在太湖石间倚石而坐，抚石支颐，若有所思之态。山石以枯笔皴之，仕女衣纹多转折，显少女缱绻体态。

款识："闵贞"。钤印：白文"闵贞之印"、朱文"正斋"印。

119. 沧江来雁图 轴
Wild Geese Flying across the Cang River (Hanging Scroll)

清 Qing Dynasty

朱本　纸本设色　纵112、横51.5厘米

1951年王缵绪捐赠

朱本（1761～1819年），字素人，号溉夫，自署名竹西。江苏扬州人。工山水、花鸟、人物。与其兄朱文新、朱鹤年并称"三朱"。

图描绘江南秋景。红叶沧江，渔舟荡漾其中，北雁南飞，时令感甚强。对角线构图，左下角林木蓊郁繁密，虬枝古藤穿插其间，另有渔人撑一渔舟而入，内容丰富。而对角处则以一笔赭红色的江岸，两行大雁呼应。一简一繁，相映成趣。墨色浓重，用笔古拙，给人以苍茫深秀之感。

款识："红叶沧江人去渺，白苹秋水雁来初。己未夏日素人作。理堂大仁兄"。钤印："本"朱文印。

120. 水墨牡丹图 扇页
Ink Peony (Fan Face)

清 Qing Dynasty

蒋廷锡　纸本水墨　纵17、横48.5厘米

1952年购买于重庆

蒋廷锡（1669～1732年），字扬孙，号南沙、西谷、青桐居士。江苏常熟人。官至大学士。中年前作品受恽寿平影响，后取陈淳、徐渭画意，变为放逸。是清代中期重要的宫廷画家之一。

此图以水墨绘牡丹，枝叶以没骨法小写意。墨色浓淡有致，花叶形态韵致天成，笔墨娴熟自如。

款识："仿沈启南笔意，蒋廷锡"。钤印：白文"蒋廷锡印"、朱文"酉君"印。

121. 花果蔬菜图 册（十二开）
Flowers, Fruits and Vegetables (Album, Duodecimo)

清 Qing Dynasty

花果蔬菜图之一

花果蔬菜图之二

蒋廷锡　纸本水墨　纵26、横31厘米
1954年重庆市妇联移交

此册为水墨写意小品册，共计十二开。笔墨简练，墨分五色，所作花果皆形象生动，得恽寿平神韵。

花果蔬菜图之三

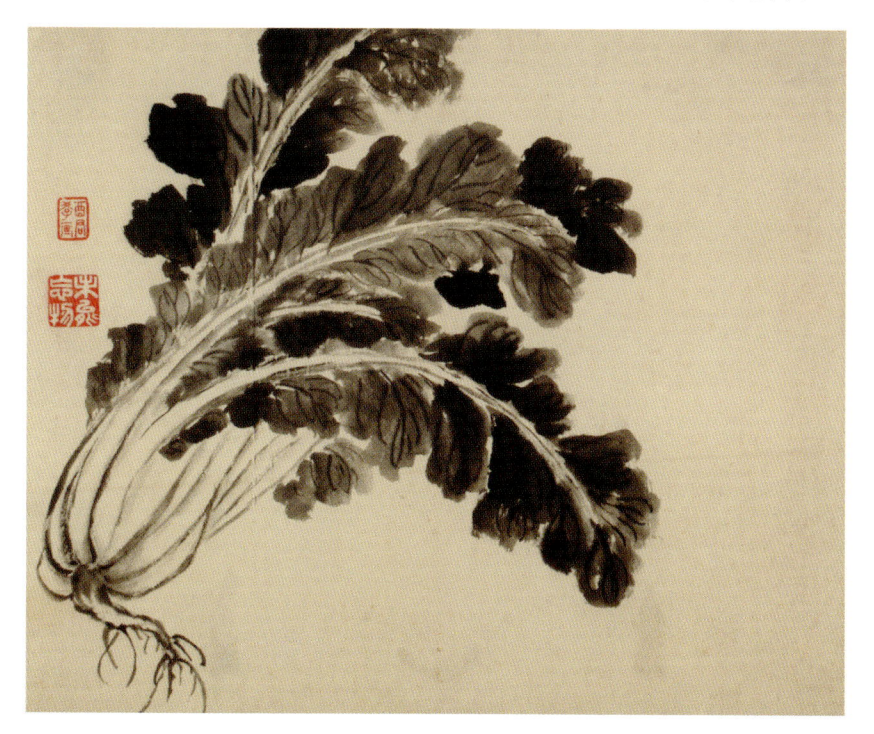

花果蔬菜图之四

款识:"青桐居士廷锡"。钤印:朱文"酉君学画"、白文"未能忘物"、朱文"漱玉"、白文"青桐居士书画禅"、朱文"廷锡写意"、白文"兴致笔随"、朱文"蒋廷锡"印等。

122. 山水图 册（十二开）
Landscape (Album, Duodecimo)

清 Qing Dynasty

山水图之一

强国忠　绢本设色　纵31、横37厘米

1954年重庆市妇联移交

强国忠，字大年，号琢庵，奉天人。官至郎中。工书，善细笔山水。曾与王原祁及树峰同侍内廷。

此册为青绿山水，共计十二开。每开有孙岳颁小楷书唐人七言律诗各一首，典型的清院画风格。既有工笔重彩，又有细笔山水。笔墨严谨细致，设色富丽，画风受到西洋画的影响，讲究透视效果与光影的运用。该册为《石渠宝笈》所收录，钤有"乾隆御览之宝"、"嘉庆御览之宝"、"石渠宝笈"及"御书房鉴藏宝"，说明该画曾为清内府所珍藏。

款识："臣强国忠恭画"。钤印："国忠"朱文连珠印。

山水图之二

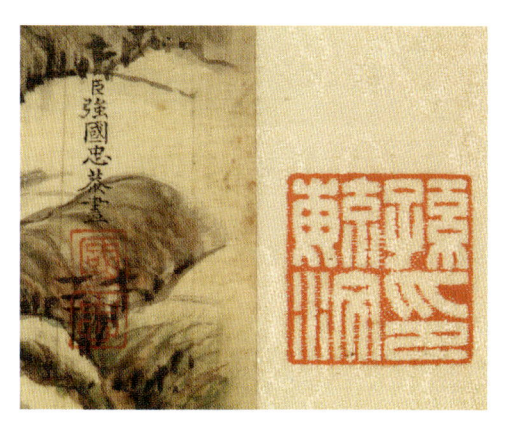

山水图局部

125. 林峦沙水图 轴
Forest, Mountains, Desert and Water (Hanging Scroll)

清 Qing Dynasty

张庚　纸本水墨　纵114.5、横34厘米

1951年王缵绪捐赠

张庚（1685～1760年），原名焘，字溥三，后改名庚，字溥山、公之干，号瓜田逸史，又号弥伽居士等。浙江嘉兴人。工山水，出入董巨、大痴。

该图以水墨描绘崇山峻岭，山林葱郁，有士结庐读书、会友于其间。布局高远，淡墨枯笔，细笔短皴，焦墨点苔。幽深繁密，得王蒙法。

款识："老年画笔懒经营，沙水林峦信手成。黄鹤自鸣还自舞，晖晖和日小窗清。乾隆乙亥夏四月拟黄鹤山人法，写于邗江唐氏之海屋。秀水弥伽居士张庚时年七十又一"。钤印：白文"张庚"、朱文"溥山"印。

126. 墨竹图 轴
Ink Bamboos (Hanging Scroll)

清 Qing Dynasty

钱载　纸本水墨　纵117、横34.5厘米

1983年李初梨捐赠

钱载（1708～1793年），字坤一，号箨石，又号匏尊。晚号万松居士、百幅老人。浙江嘉兴人。工诗文，精画，善水墨，尤工兰竹。

此图以水墨写兰竹山石。兰竹俱以没骨法，湿笔苍润。山石以侧锋勾勒，用笔迅疾。写竹挺拔劲直，布局饶有韵致。为作者晚年作品。

款识："壬子秋窗八十五翁钱载写"。钤印：白文"钱载"印、朱白文"万松居士"印。

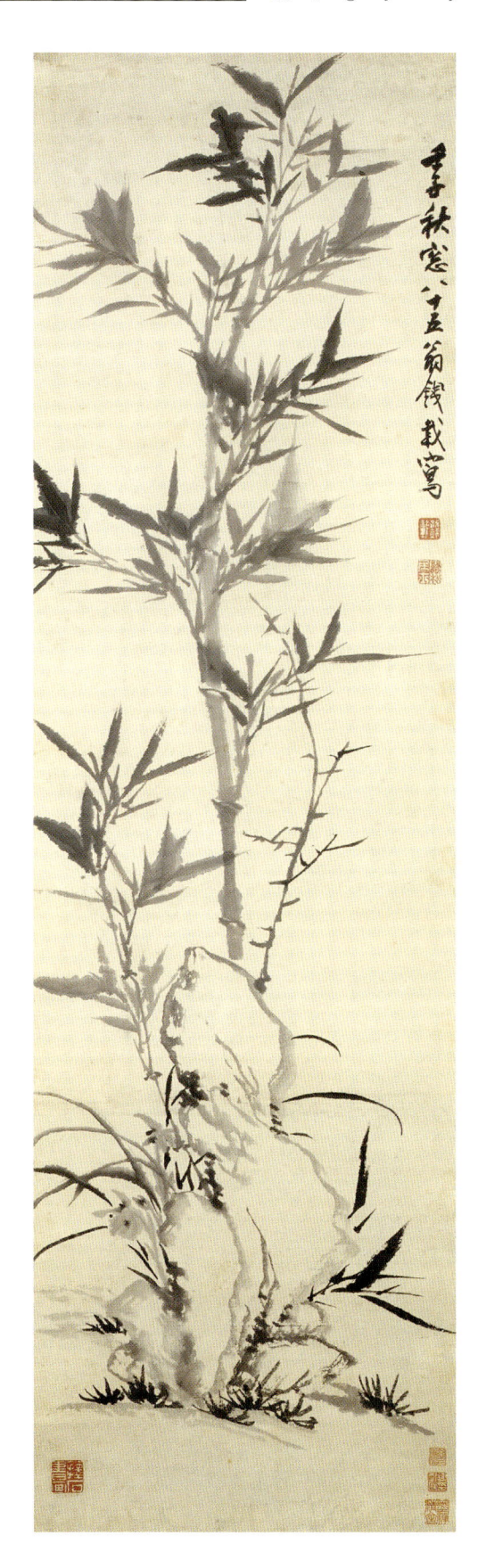

127. 六逸图 卷
Leisure Times (Handscroll)

清 Qing Dynasty

张洽　纸本设色　纵111、横23.5厘米

1951年王缵绪捐赠

张洽（1718～？年），字月川，一作玉川，号圆光道士，又号青篛古渔。吴县人，张宗苍族子。擅山水，得张宗苍法。

此图描绘江丽田、韩学元、卞立言、薛松岩、薛升农及作者六人于乾隆甲寅年（1794年）在水筠庄为诗酒会，或投壶垂钓，或赋诗作画的文人雅集。山石以干笔淡墨皴擦而出，画风苍劲，用笔沉着。

款识："六逸图。乾隆甲寅夏仲写摄山寄安居，张洽时年七十有七"。钤印：白文"张洽"、朱文"玉川"印。

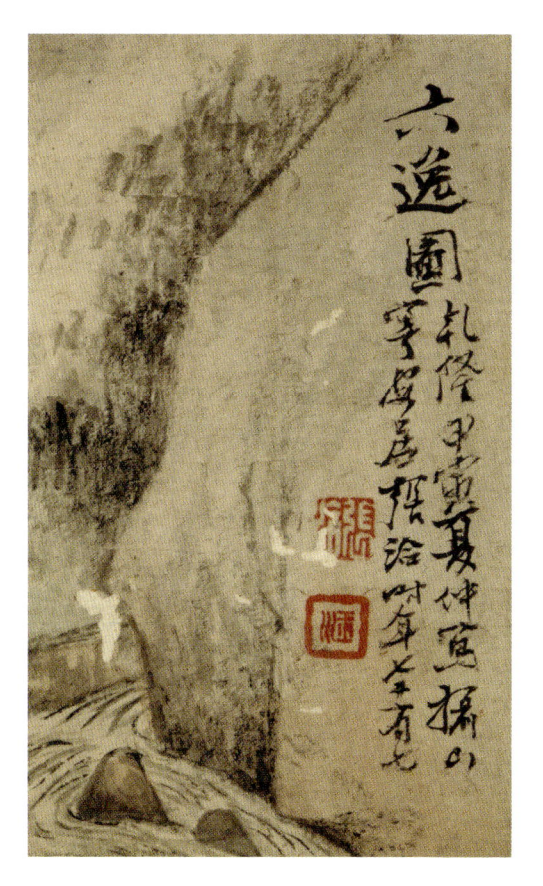

绘画

211

128. 春光长寿图 扇页
Paradise Flycatcher on Peach Tree (Fan Face)

清 Qing Dynasty

张敔　纸本水墨　纵16、横50.5厘米

1951年王缵绪捐赠

张敔（1734～1803年），字虎人，又字莅园、芷园，号雪鸿。先世安徽桐城人，迁江宁。工山水、人物、花鸟。

水墨描绘绶带鸟一只立于桃花枝上昂首高歌，神情自在。小写意，笔意纵横，墨色光华，洒脱中带工致。

款识："莅张敔"。钤印：白文"敔印"。

129. 高逸图 扇页
Daffodils and Bamboos (Fan Face)

清 Qing Dynasty

绘画

213

　　黄易　纸本水墨　纵15、横49厘米

　　1951年王缵绪捐赠

　　黄易（1744～1802年），字大易，号小松，又号秋庵。浙江仁和人。工书，山水法董巨，冷逸幽隽。兼工花卉，宗恽寿平。

　　此图以淡墨绘水仙衬以新篁。湿笔中锋，用笔拙逸，墨色清淡。

　　款识："淡交惟对水，高节欲凌云。黄易仿陈道复意"。钤印：朱文"易"印。

130. 写生小品图 轴
Sketches (Hanging Scroll)

清 Qing Dynasty

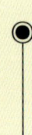

龚有融　纸本水墨　纵39、横46厘米

1983年李初梨捐赠

龚有融（1755～1830年），字晴皋，号绥樵，别署绥山樵子，晚号拙老人。重庆巴县人。善山水，尤喜作石与芭蕉。

此轴共有山水小品两幅。均描绘重庆江岸屋舍景致。水墨写意，以淡墨湿笔渲染远山近水，浓墨中锋勾勒近处房屋、竹林、杂树、扁舟。营造江岸水汽氤氲、云雾弥漫之感。是古渝州临江人家的实景写生，但觉恬淡宁静，饶有生趣。

款识：上幅"晴皋画于渝南退溪山庄"，下幅"晴皋"。钤印：上幅钤印模糊不辨，下幅钤"有融"朱白文连珠印。

131. 达摩渡江图 轴
Arhat Dharmatala Crossing the River (Hanging Scroll)

清 Qing Dynasty

张问陶　纸本设色　纵130、横31厘米

1951年王缵绪捐赠

张问陶（1764～1814年），字仲冶，又字乐祖，号船山，又号豸冠仙史。四川遂宁人。工诗，善书画，才情横溢，书法追米芾，工花卉，纵逸追徐渭。人物、花鸟随意为之，风致肖远有过人处。

以淡设色写达摩一苇渡江典故。衣纹用减笔描，线条简逸拙朴，敷色清淡。

款识："西来谁信渡江难，波浪萧萧一苇寒。面壁九年缘底事，者回丢掉破蒲团。乙丑四月船山自题"。钤印：白文"张问陶印"。

132. 西崖诗意图 册（十二开）
Landscape of West Precipice (Album, Duodecimo)

清 Qing Dynasty

西崖诗意图之一

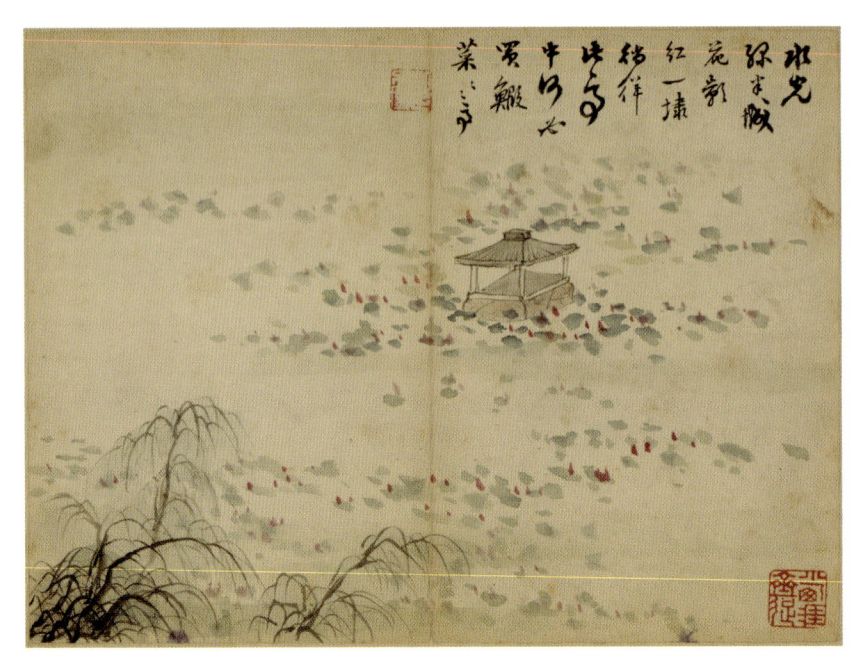

西崖诗意图之二

张问陶　纸本设色　纵20、横27厘米

1983年李初梨捐赠

该册为写意山水花卉小品册，设色淡雅，用笔洒脱古拙，多用湿笔淡墨。

款识："梧门先生属画续西涯杂咏十二首诗意，时问陶初学画，笔不逮意，真可怜也。戊子七夕张问陶记"。钤印：朱文"船山"印。

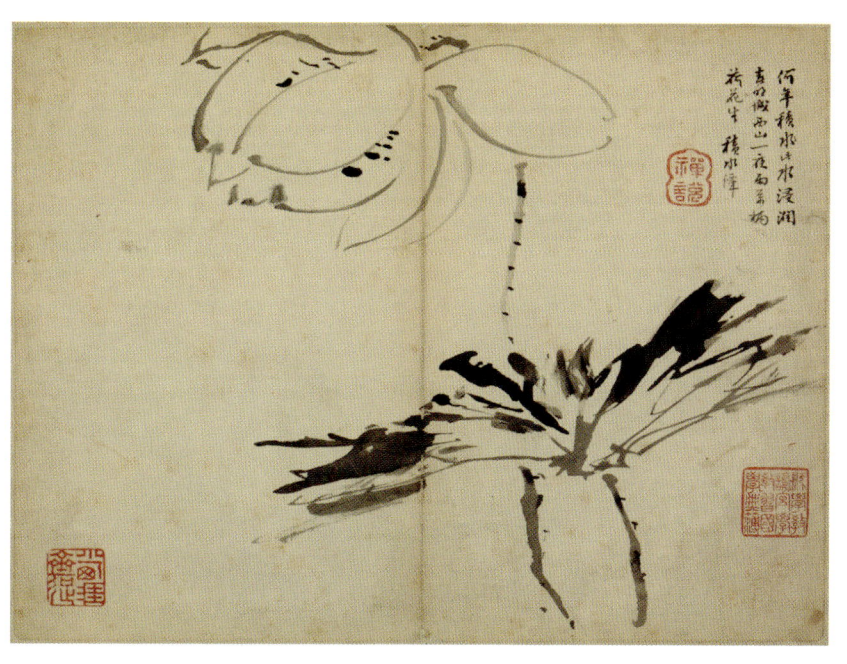

西崖诗意图之三

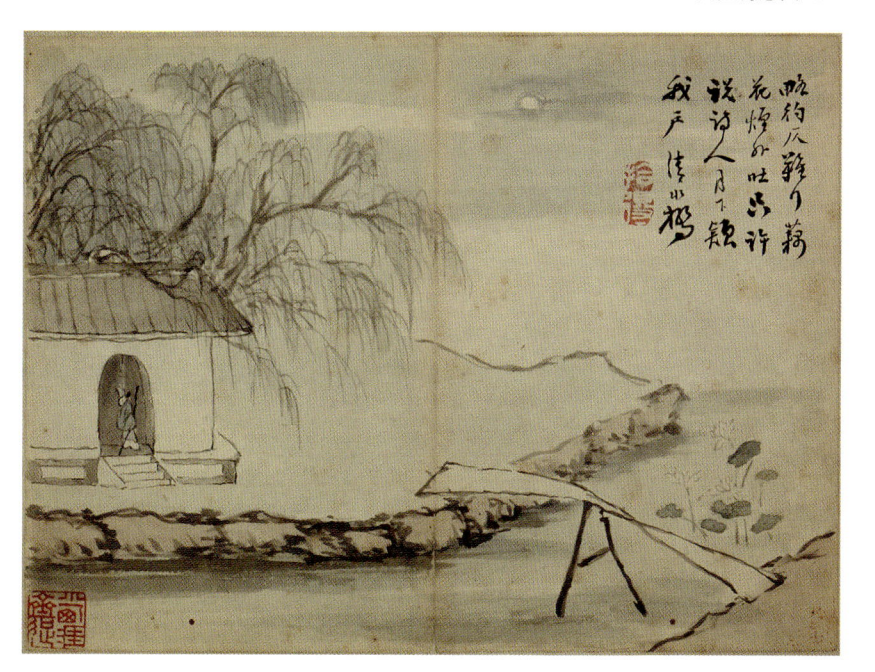

西崖诗意图之四

133. 云笈山房图 卷
Mountain and House (Handscroll)

清 Qing Dynasty

瑛宝　纸本设色　纵30、横462厘米

1951年购买于成都

瑛宝，姓拜都氏，字梦禅，号闲庵。满族正白旗人。好作山水，摹倪瓒，尤长指头画。

此卷为瑛宝为高云夫妇所作写真图卷。原画无款，据画前伊江阿

云笈山房图之一

云笈山房图之二

"云笈山房记"云"予兄梦禅制云笈山房图"是知为瑛宝所作。画面描绘江南村景，林木葱郁，掩映竹篱茅舍。山头用大披麻皴法，显得格外苍润温和。房舍点缀其间，呈现宁静安闲的隐居气氛。拖尾有刘墉、毕沅、孙星衍等名人题跋多段。

云笈山房图之四

云笈山房图之三

绘 画

134. 楼观沧海图 卷
Overlooking the Sea on A Pavilion (Handscroll)

清 Qing Dynasty

费丹旭、汤贻汾　纸本设色
纵43、横150厘米
1953年购买于重庆

费丹旭（1801～1850年），字子苕，号晓楼，又号环溪生。浙江乌城人。以仕女画享誉画坛，与改琦并称。然其肖像画的成就更在仕女画之上，能够以形写神，重视背景的烘托。兼工山水、花卉。

汤贻汾（1778～1853年），字若仪，号雨生，晚号粥翁。江苏武进人。多才多艺，天文地理百家之学均有造诣，诗文书画皆能。精山水、花卉，亦善梅竹松柏。山水早年受董邦达影响，后发展了淡墨干笔皴擦之法。

此卷由两幅画心合裱而成，为费丹旭、汤贻汾为重庆巴县王劼（字海楼）所作。一图为费丹旭为王劼所作写真。不加任何背景，笔墨简洁，线条流畅，人物神情惟妙惟肖，面部晕染栩栩如生，眉目传神。

另一图为汤贻汾化王劼表字入画，苍虬翠柏拥楼阁一座，一高士立于楼上凭栏眺望沧海，烟波浩渺、层波叠浪。淡墨微皴，设色淡雅，用笔工丽细致。

款识："癸巳夏日西吴费丹旭写"、"楼观沧海日，为海楼台兄写。汤贻汾"。钤印：白文"晓楼书画"印、朱文"雨生画印"。

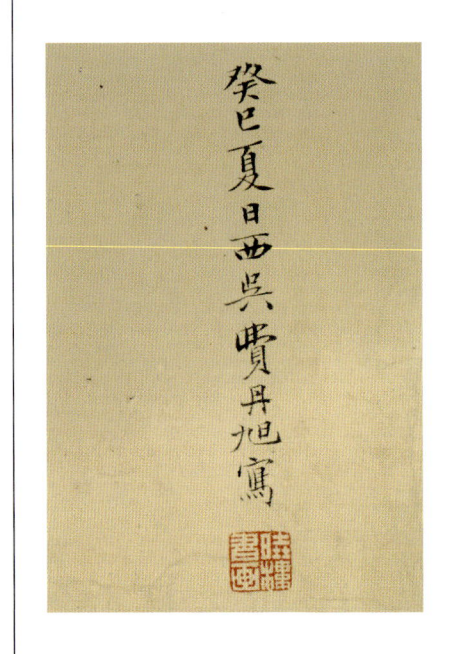

绘画

楼观沧海图之一（汤贻汾作）

楼观沧海图之二（费丹旭作）

135. 玲珑石图 轴
Exquisite Stone (Hanging Scroll)

清 Qing Dynasty

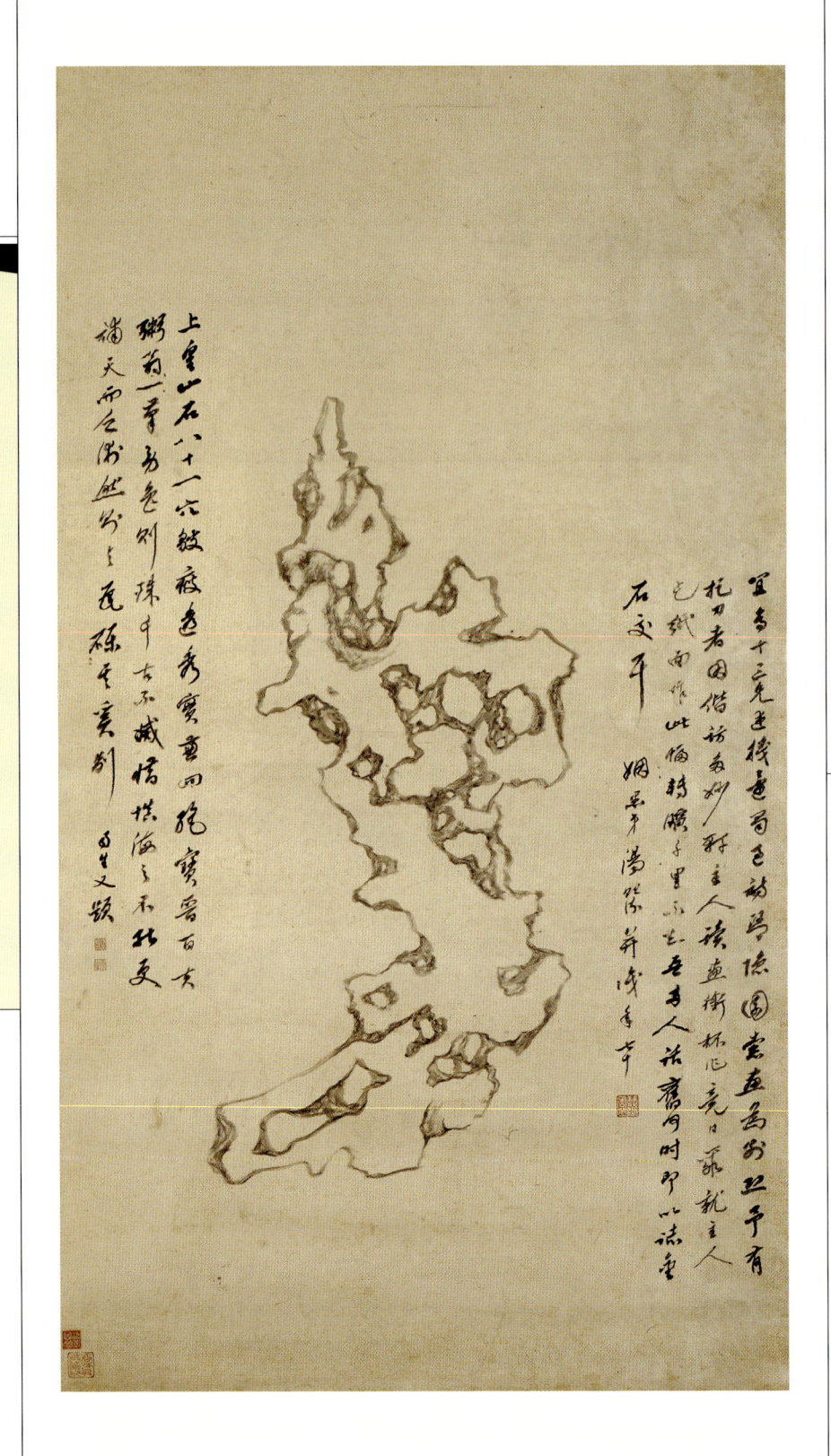

汤贻汾　纸本水墨　纵105.5、横59厘米

1951年王缵绪捐赠

此图以水墨绘玲珑石，皱、瘦、透、秀，堪称四绝。淡墨干笔皴擦，枯中见润。

款识："宜高十三兄述职还蜀，过访琴隐园，索画为别。恐予有捉刀者，因借访多妙轩主人。读画衔杯，作竟日聚。就主人乞纸而作此幅。转瞬千里，不知吾与人话旧何时。即以志金石交耳。姻愚弟汤贻汾并识，年七十"。"上皇山石八十一穴，皱瘦透秀，实兼四绝。宝晋百夫，粥翁一笔劲逸则殊千古不灭。惜填海之不死，更补天而乏术。然则与瓦砾其奚别。雨生又题"。钤印：白文"琴隐园"、"汤贻汾印"，朱文"雨生"印。

136. 云峰耸秀图 轴
Montain Surrounded by Clouds (Hanging Scroll)

清 Qing Dynasty

戴熙　纸本水墨　纵137、横47厘米

1951年王缵绪捐赠

戴熙（1801~1860年），字醇士，号榆庵，又号纯溪、松屏，自称井东居士、鹿林居士，钱塘人。诗书画并臻绝诣，与汤贻汾齐名。山水师法王翚，不袭其貌而纯雅过之。

水墨山水，作者自题为仿马文璧（元代马琬）。用笔清朗秀润，山头坡岸俱作米点及钉头皴。草木繁茂，云峰耸秀，树木秀逸，得"三远"中高远之意。此画作于1855年，为作者晚年佳作。

款识："云峰耸秀。拟马文璧，乙卯正月，春生大兄属，醇士戴熙"。钤印：朱文"醇士"、白文"戴熙"印。

137. 秋声落遥渚图 扇页
Autumn Falling on the Faraway Isle (Fan Face)

清 Qing Dynasty

钱杜　纸本设色　纵17、横52厘米

1951年王缵绪捐赠

钱杜（1764～1845年），字叔美，号松壶，又号壶公，卍居士。浙江钱塘人。好游，足迹遍天下。山水宗文徵明，作细笔，风格秀雅。花卉近恽寿平，兼工人物。

此图描绘庭院之景，山石丛篁、杂树红叶、矮墙迤逦，中有楼阁，阁上一人倚栏而望。用笔纤细秀致，设色精雅，得文衡山遗韵。

款识："秋声落遥渚，木叶如黄云。旌幢纷来下，疑是云中君。楚楚阁望隔墙黄叶，云溪外史寿平。丁亥三月廿八日为少兰戏临一过，钱叔美"。钤印："松壶小隐"朱文印。

138. 仿元人山水图 轴
Landscape in the Style of Yuan Dynasty (Hanging Scroll)

清 Qing Dynasty

谭铭　纸本设色　纵136、横63厘米

1951年王缵绪捐赠

谭铭，字啸云，作画则署西园。四川华阳人。五十后因有所恨而不作画，用草隶显名，更号石门。画学宋元，精意勾皴。

浅绛设色绘高山峻岭之间，溪涧环绕，屋舍沿溪而建。山石作斧劈皴，多矾头点子，显得格外苍劲古朴。

款识："壬午立春法元人意，为心田大兄先生正。西园居士写"。钤印：白文"铭之章"。

139. 仕女拜月图 轴
Lady Prostrating to the Moon (Hanging Scroll)

清 Qing Dynasty

王素　纸本设色　纵92、横45厘米

1956年重庆市文化局移交

王素（1794～1877年），字小梅，晚号逊之。甘泉人。师鲍芥田，又多临华喦。人物、花鸟、走兽，无不入妙。

设色绘仕女拜月乞巧。衣纹以高古游丝描，若吴带当风，勾勒出少女妙曼的身姿。仕女面目姣好传神。衬景以湖石蕉叶，山石俱以湿笔渲染。设色清丽，笔法细腻精秀。

款识："新月初上天，焚香独自高。待到月圆时，行人夜解到。小梅王素"。钤印："小梅"朱文印。

140. 仿㦤道人花卉图 扇页
Flowers in the Style of Taoist Priest Ao (Fan Face)

清 Qing Dynasty

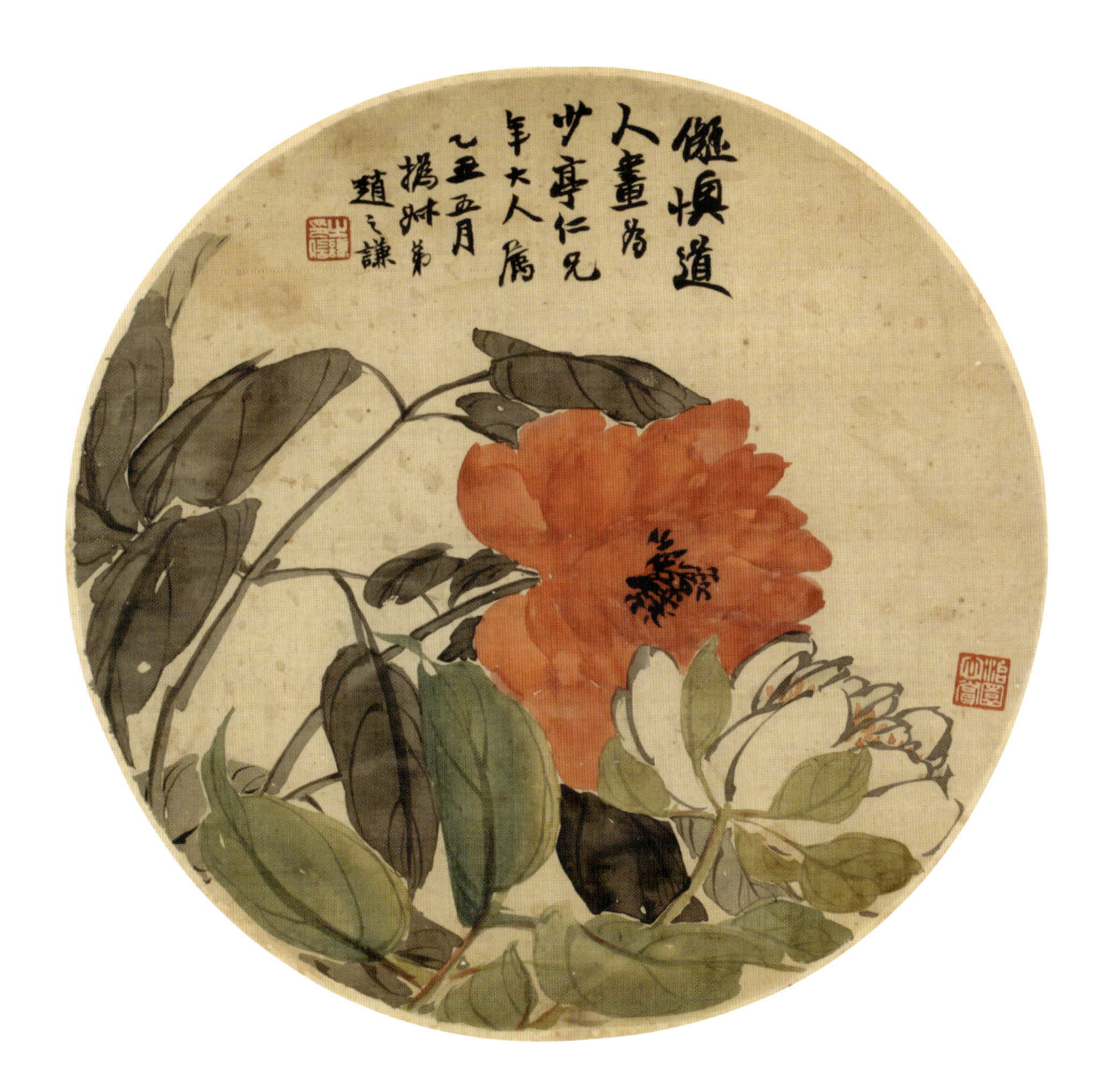

赵之谦　绢本设色　纵27、横26厘米

1951年王缵绪捐赠

赵之谦（1829~1884年），字㧑叔，号益甫，又号梅庵、悲盦、铁三、无闷等。浙江会稽人。工诗文，善书法绘画。花卉学石涛而有所变化，尤以写意花卉为人称道。

没骨写意绘红白二色芍药。分枝布叶，疏密有致，色彩浓丽，笔墨坚实，富有装饰意味。

款识："拟㦤道人画为少亭仁兄年大人属。乙丑五月㧑叔弟赵之谦"。钤印：白文"之谦印信"。

141. 历史人物图 屏（八条）
History Figures (Screen, Eight Strips)

清 Qing Dynasty

任薰　纸本设色　纵240、横60厘米

1952年重庆市物资拍卖所拨交

任薰（1835～1893年），字阜长、舜琴。浙江萧山人。任熊弟。人物宗法陈洪绶。

此图描绘张良敬履、乞食漂母、商山四皓、初平牧羊、瑶池相会等历史神话故事。用笔劲秀，设色清丽，构图别致，装饰意味浓厚。

钤印：白文"任薰印"、"任薰之印"。

历史人物图之一

历史人物图之二

历史人物图之三　　　　　　　　　　　历史人物图之四

历史人物图之五　　　　　　　　　　历史人物图之六

历史人物图之七   历史人物图之八

后 记

　　重庆中国三峡博物馆目前藏有各种文物约18万件（套），文物资料20余万件，其中有许多是稀世珍品。历年来，这些文物中有许多资料陆续向社会公开发表，有的已广为人知。但因馆藏数量巨大，以及长期以来各种因素的制约，至目前为止，仍有大量的文物"藏在深闺人未识"。对文物的研究、欣赏和利用受到极大限制，也不利于重庆文化事业的发展。近年来，随着中央和地方政府一系列重要举措的推行，博物馆事业迎来了难得的发展机遇，我们的条件有了明显而深刻的变化。因此，在我馆的十二五规划中，将整理、研究馆藏文物，公布出版相关文物信息资料，作为学术研究工作中的一个重要方面来推进和实施。我们认为，博物馆不仅要承担收藏、保护、研究、展示文物藏品的职责，而且还应该承担起准确、全面地公开馆藏文物资料信息的义务，在充分保护的前提下，让全社会共享共有。

　　经过多年的文物征集和三峡考古工作，近年来，我馆的文物藏品数量有了较大的增长。因此，从2009年开始，我们组织力量对馆藏文物进行了又一轮的清理、定级、数字化等工作，力图摸清"家底"，做到心中有数。同时，我们又组织相关人员针对一些具有特色、珍贵的文物种类，在前人工作的基础上进行细致的整理，准备编写出版一套系列丛书。在整理的过程中，我们坚持了两个基本原则：一是尽量提取文物的有用信息，尤其是一些关键信息，不能遗漏，同时语言精炼，图片清晰，既有整体，又有细部；二是对文物的描述和采用的数据，必须规范、科学、准确，避免随意性和模糊性。目前，已完成古琴、造像唐卡、古代绘画、古代瓷器的编撰工作。目前，正在进行的还有古墨、清代名人手札、甲骨文等分卷的编撰工作。计划整理编写青铜器、玉器、汉代雕塑、历代书法、明代名人手札、近现代书画等多个项目。将来会有更多精美罕见的文物资料陆续向社会公布。我们会继续努力，不断推出新的内容。